はじめに

このプリントは、子どもたちが自らアクティブに問題を解き続け、学習できるようになる姿をイメージして生まれました。

どこから手をつけてよいかわからない。問題とにらめっこし、かたまってしまう。

えんぴつを持ってみたものの、いつの間にか他のことに気がいってしまう…。

そんな場面をなくしたい。

子どもは１年間にたくさんのプリントに出会います。できるだけよいプリントに出会ってほしいと思います。

子どもにとってよいプリントとは何でしょうか？

それは、サッとやり始め、ふと気づけばできている。スイスイと上がっていけるエスカレーターのような仕組みのあるプリントです。

「いつのまにか、できるようになった！」「もっと続きがやりたい！」
と、子どもが目をキラキラと輝かせる。そんな子どもたちの姿を思い描いて編集しました。

プリント学習が続かないことには理由があります。また、プリント１枚ができないことには理由があります。

語彙を獲得する必要性や、大人が想像する以上にスモールステップが必要であったり、じっくり考えなければならない問題があったりします。

教科書レベルの問題が解けるために、さまざまなバリエーションの問題を作りました。

「学ぶことが楽しい！」

→「もっとやりたくなる！」

→「続くから、結果が出てくる！」

ぜひ、このプリント集を使ってみてください。

子どもたちがワクワク、キラキラしてプリントに取り組む姿が、目の前で広がりますように。

藤原　光雄

シリーズ全巻の特長

◎**幅広く目的に沿った使い方！**

○「書くこと」を中心に、知識や表現力をどんどん広げる。

○教科書で学習した内容を読む、理解できる。

○教科書で学習した内容を使う、表現できる。

○教科書で学習した内容を説明できる。

◎**国語科６年間の学びをスパイラル化！**

国語科６年間の学習内容を、スパイラルを意識して配列しています。

予習や復習、発展的な問題に取り組むなど、ほかの学年の巻も使ってみてください。

このプリントの特長

○**はじめの一歩をわかりやすく！**

自学にも活用できるように、うすい字でやり方や書き方が書いてあります。

なぞりながら答え方を身につけてください。

○**国語感覚から解き方や作文力が身につく！**

文字あそびや言葉あそびで、言語に対する習熟を重ね、作文力がつきます。

ワークシートで言葉の冒険を楽しんでみてください。

○**さまざまな発想・表現ができる！**

答えが一通りではなく、多様な答えがある問題も用意しました。

○**文法、語彙の力が身につく！**

教科書の学習に合う新出漢字・語彙をさまざまな形式でくり返すことで定着を図ります。

朝学習、スキマ学習、家庭学習など、さまざまな学習の場面で活用できます。

6年生　目次

1 思考ツール ①

名前

□の中の言葉を分類しましょう。

集団行動　体育　音楽　英語
発表　作文　算数　家庭
理科　道徳　読書　図工

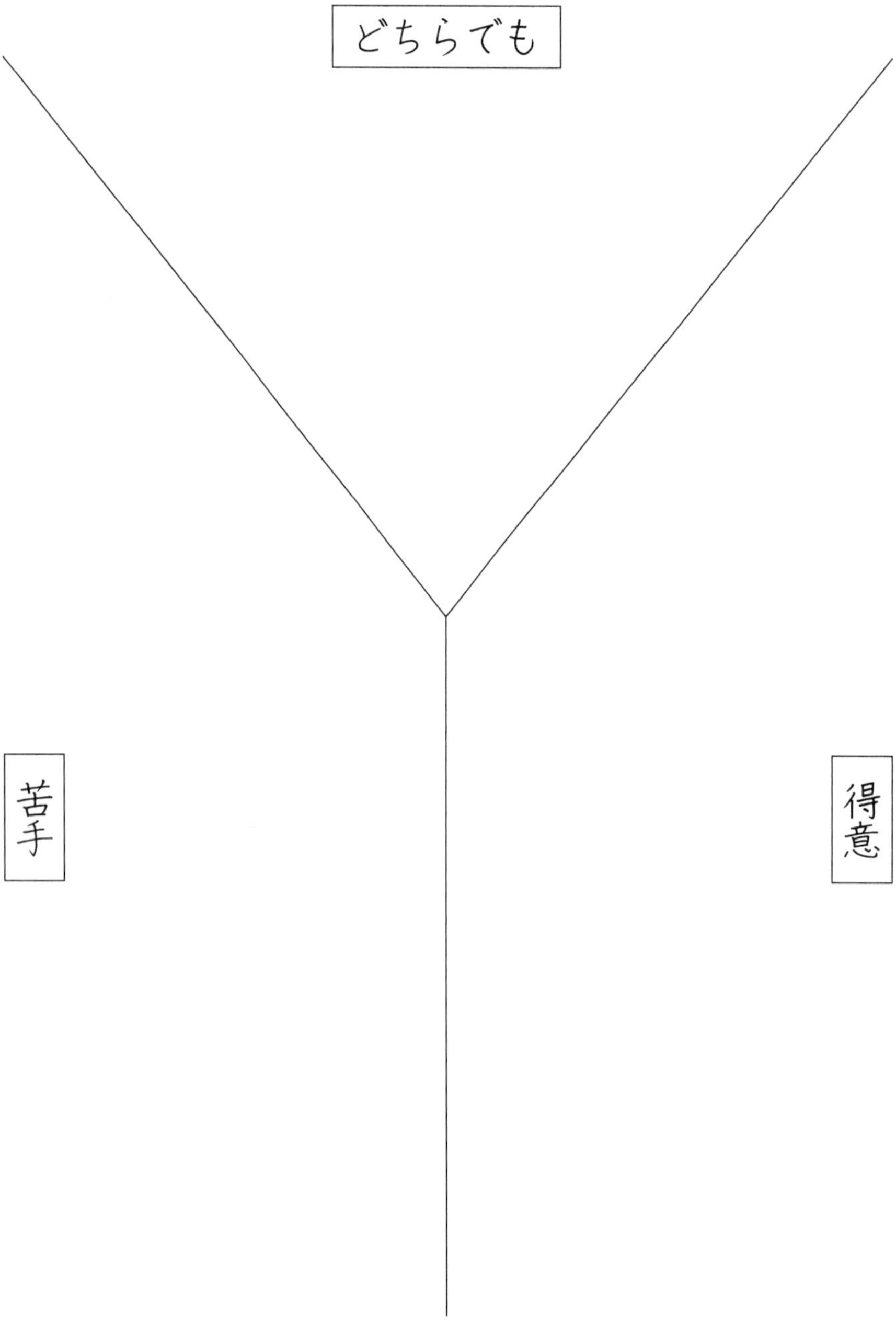

1 思考ツール ②

名前

□の中の言葉を分類しましょう。

スケジュール管理　教科書予習　漢字の予習　ノート整理
音読　計算問題　自学　プリント整理
イラストをかく　教科書を読む　前の時間の復習　作文を書く
文具の整理　漢字の復習　読書

三分あればできる

五分あればできる

十分あればできる

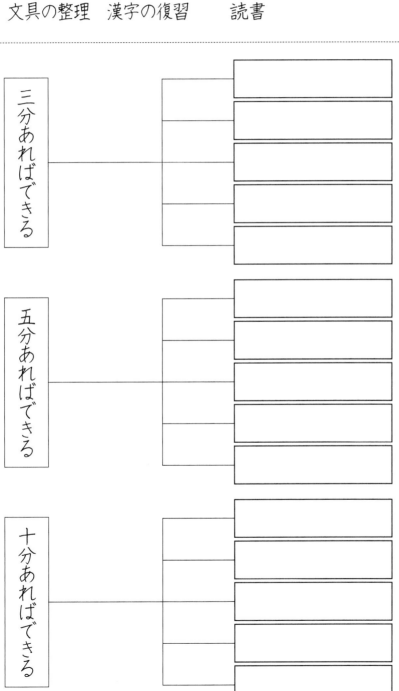

2 一枚の絵から物語づくり ①

名前

一枚《いちまい》の絵から情報を増やしながら、物語を作ってみましょう。

いつ？	どこで？	だれが？	どんな人物？
□いつの時代？ 大昔 昔 現在 未来	□どんなところ？ 遠いところ すぐ近く 異世界《いせかい》	□どんな人物？ 人 動物	□どんな性格？

過去	現在	未来
□何があった？	□現状？	□どんな暮《く》らしに？

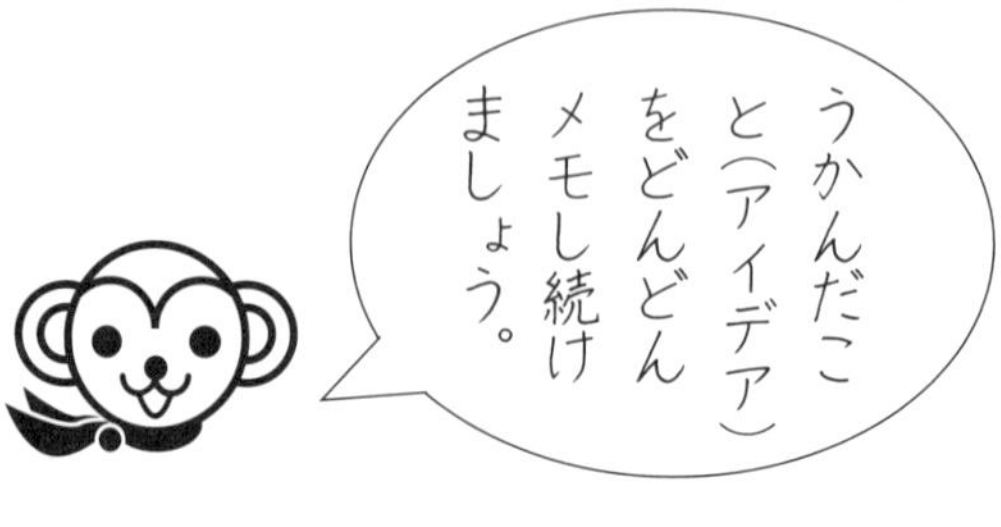

うかんだこと(アイデア)をどんどんメモし続けましょう。

2 一枚の絵から物語づくり ②

名前

一枚《いちまい》の絵から情報を増やしながら、物語を作ってみましょう。

① いつのころの話だろう？

② どんな主人公が活やくするのか？

③ ほかの登場人物や対人物は？

④ ハッピーエンドだとしたら？

⑤ バッドエンドだとしたら？

⑥ 過去、ここまでのお話は？

⑦ 今、なにが起こっている？

⑧ 未来、これからどうなる？

自分自身に問いかけたり、周りの人に問いかけてみたりして、アイデアをうかべましょう。

3 どんどん書き①

名前

お題の言葉から、思いついたことをどんどん書きましょう。

お題▶ 自分の好きなもの

⑩	⑨	⑧	⑦	⑥	⑤	④	③	②	①

⑳	⑲	⑱	⑰	⑯	⑮	⑭	⑬	⑫	⑪

時間　　分　　秒	発想数　　個

／

3 どんどん書き ②

名前

お題の言葉から、思いついたことをどんどん書きましょう。

お題▶ 自分のやってみたいこと

⑩	⑨	⑧	⑦	⑥	⑤	④	③	②	①

⑳	⑲	⑱	⑰	⑯	⑮	⑭	⑬	⑫	⑪

時間　　分　　秒	発想数　　個

／

4 主語と述語 ①

名前

✿ 次の文を、A「何が、どうする」、B「何が、どんなだ」、C「何は、何だ」の文に分けましょう。

① この計算は難《むずか》しい。 B

② 赤い自動車が走る。 A

③ 母の実家はかなり遠い。 □

④ ペンギンは鳥だ。 C

⑤ みやげをみんなにわたす。 □

⑥ 明日の天気は、雨だ。 □

⑦ メダカがたくさん泳ぐ。 □

⑧ 庭のバラはとても赤い。 □

⑨ キンモクセイは秋の花だ。 □

⑩ 駅前の土地は高い。 □

⑪ 一羽のカラスが飛ぶ。 □

⑫ ボブはある国の王子だ。 □

4 主語と述語 ②

名前

(1) □に「何が、どうする」の文の述語を書きましょう。

① ケンは山に　登る　。

② ジムはお弁当を　□　。

③ ボブは宿題を　□　。

④ ハナは本を　□　。

(2) □に「何が、どんなだ」の文の述語を書きましょう。

① 富士山は　高い　。

② 冬の朝は　□　。

③ イチゴは　□　。

④ 星空が　□　。

(3) □に「何は、何だ」の文の述語を書きましょう。

① 今日は、　金曜だ　。

② スズメは、　□　。

③ 明日は、　□　。

④ セミは、　□　。

4 主語と述語と修飾語《しゅうしょくご》 ③

名前

✿ ——線の言葉は、どの言葉をくわしく説明しているか書きましょう。

① 学校の前の空き地に、来月新しいスーパーが建つ。

② 去年行った遊園地に、友だちといっしょに行く。

③ 日曜日、父は朝早く会社の人とゴルフに出かけた。

④ ウサギがおいしそうにたくさんの牧草を食べる。

⑤ あまそうなかきが、たくさん庭の木に実った。

⑥ たくさんの親子が科学館の実験教室に集まった。

⑦ 楽しそうな遊具が公園の中にいくつもあった。

⑧ かわいい子犬が女の子といっしょに散歩している。

①	②	③	④	⑤	⑥	⑦	⑧
建つ							

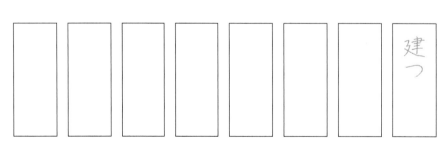

4 主語と述語と修飾《しゅうしょく》語《ご》 ④

名前

――線の言葉をくわしく説明する言葉を書きましょう。

① 未確認《みかくにん》飛行物体が目の前に現れ、［まぶしく］光る。

② 父がやっとつりあげた魚は［　　　］大きい。

③ 庭にさいたバラは他にはない［　　　］花だ。

④ 妹がおいしそうに食べたのは［　　　］ケーキだ。

⑤ ［　　　］戦士が巨大なつるぎを軽がるとふった。

⑥ ［　　　］生物がバサバサっと目の前に現れた。

⑦ ［　　　］ネコがエサ入れにとっ進してきた。

⑧ ［　　　］ビルが駅前に三つも建てられる。

5 オノマトペ作文 ①

名前

書き出しのオノマトペに続けて文を書きましょう。

① ダ ダ ダ…

ダダダ…。

② ゴロ ゴロ ゴロ…

ゴロゴロゴロ…。

③ ドン ドン ドン…

ドンドンドン…。

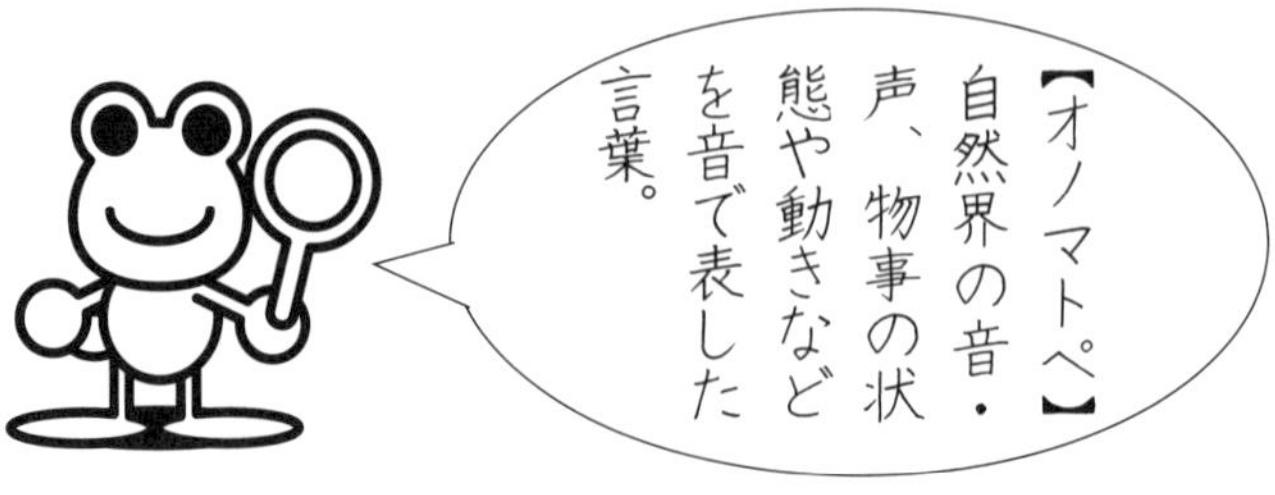
【オノマトペ】自然界の音・声、物事の状態や動きなどを音で表した言葉。

5 オノマトペ作文 ②

名前

書き出しのオノマトペに続けて文を書きましょう。

①

バリッ！

②

ざくっ！

③

ドン！

／

6 比ゆの表現 ①

名前

線で結んで「～のように」を使った文をつくりましょう。

① ほのおのように赤い ・ ・ ㋐ バラの花。

② 雪のように白い ・ ・ ㋑ 目。

③ あらしのように激《はげ》しい ・ ・ ㋒ 雨。

④ 星のようにキラキラした ・ ・ ㋓ 勇者。

⑤ 黄金のようにかがやく ・ ・ ㋔ チーズ。

⑥ 大木のようにたよれる ・ ・ ㋕ 城《しろ》。

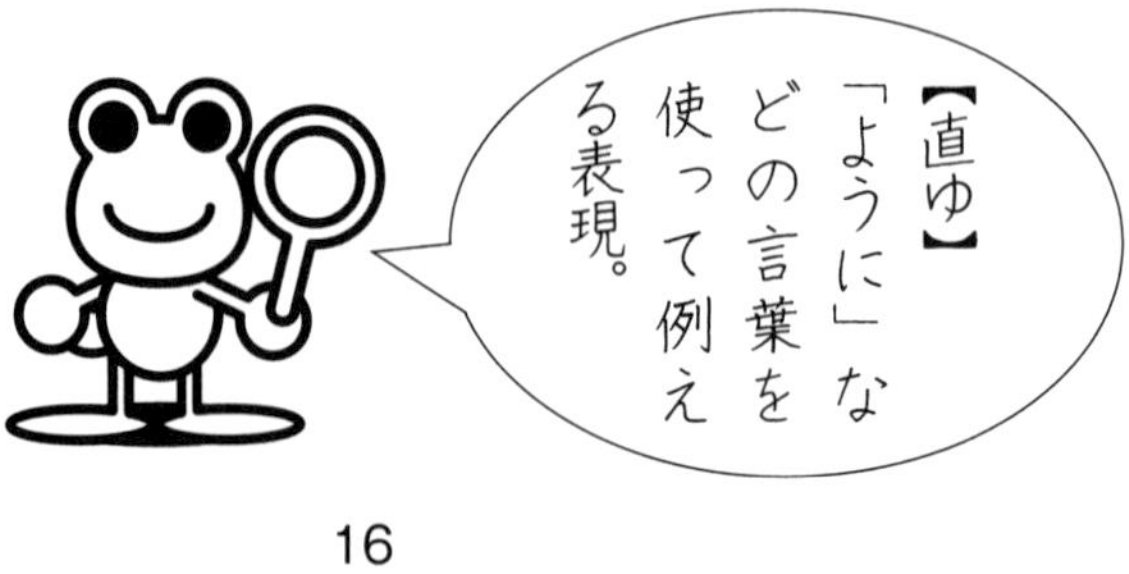

6 比ゆの表現 ②

名前

❀ 線で結んで「〜のように」を使った文をつくりましょう。

① レモンは、たきのように	・	・	㋐ おこった。
② トマトは、火山のように	・	・	㋑ 泣いた。
③ カエルは、ま女のように	・	・	㋒ なぐさめた。
④ タヌキは、母のように	・	・	㋓ 笑った。
⑤ ボールが、子供《こども》のように	・	・	㋔ おどった。
⑥ ロープが、雪のように	・	・	㋕ かみついた。

7 敬語《けいご》 ①

話し相手や、話しの中の人物に対して、尊敬《そんけい》の気持ちを表す言葉をなぞりましょう。

名前

/

謙譲語《けんじょうご》	ていねい語	尊敬語	種類
自分をへり下って、相手を敬う言い方。	「～です」「～ます」など、ていねいな言い方。	自分より目上の人を敬《うやま》う言い方。	目的
自分	（です、ます）	相手	主語
させていただく	いたします	なさる、される	する
申し上げる	申し上げます	おっしゃる 言われる	言う
うかがう	参ります	いらっしゃる	行く
参る	来ます	いらっしゃる みえる	来る
存じる	知っています	ご存《ぞん》じだ	知る
いただく	食べます	めし上がる	食べる
拝見《はいけん》する	見ます	ご覧《らん》になる	見る
うかがう	聞きます	お聞きになる	聞く
お目にかかる	会います	お会いになる	会う
申し伝える	伝えます	お伝えになる	伝える

7

敬語《けいご》 ②

名前

尊敬語《そんけいご》・謙譲語《けんじょうご》の使い方を正しく結びましょう。

主語 / 述語

(1)
① 王女が ・　・ ㋐ 申し上げます。
② 私《わたし》が ・　・ ㋑ おっしゃる。

(2)
① 王子は ・　・ ㋐ 存《ぞん》じ上げています。
② 私どもは ・　・ ㋑ ご存《ぞん》じです。

(3)
① 王様が ・　・ ㋐ おこしになる。
② 私が ・　・ ㋑ 参ります。

(4)
① 国王が ・　・ ㋐ いただきます。
② 私が ・　・ ㋑ めし上がる。

7 敬語 ③

名前

尊敬語《そんけいご》・謙譲語《けんじょうご》に書き直しましょう。また、どちらの敬語《けいご》か○をつけましょう。

(1) 行く

① 国王が 城《しろ》に いらっしゃる 。（尊敬・謙譲）

② 村人が 城に うかがう 。（尊敬・謙譲）

(2) 見る

① 国王が 絵を ご覧《らん》になる 。（尊敬・謙譲）

② 村人が 絵を 拝見《はいけん》する 。（尊敬・謙譲）

(3) 会う

① 国王が 使者に お会いになる 。（尊敬・謙譲）

② 村人が 使者に お目にかかる 。（尊敬・謙譲）

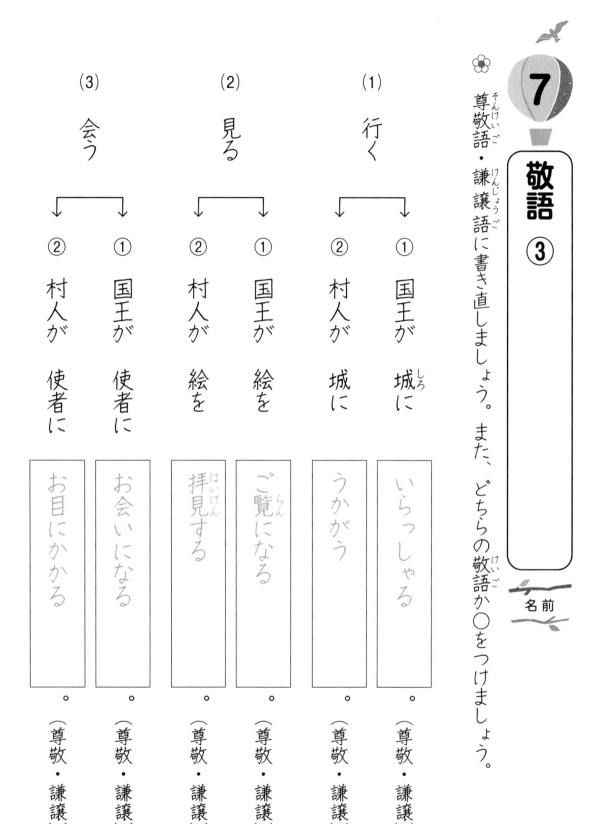

7 敬語 ④

名前

尊敬語《そんけいご》・謙譲語《けんじょうご》に書き直しましょう。また、どちらの敬語《けいご》か○をつけましょう。

/

(1) 伝える

① 国王が 話を お伝えになる 。（尊敬・謙譲）

② 村人が 話を 申し伝える 。（尊敬・謙譲）

(2) 聞く

① 国王が 話を お聞きになる 。（尊敬・謙譲）

② 村人が 話を うかがう 。（尊敬・謙譲）

(3) いる

① 国王は 森に いらっしゃる 。（尊敬・謙譲）

② 村人は 森に おる 。（尊敬・謙譲）

8 言葉の分類 ①

名前

✿ ［　］の中の言葉を分類しましょう。

深い　バナナ　果物《くだもの》　暑い　笑う
国　買う　高い　みずみずしい　喜ぶ
会社　強い　登る　会議　急ぐ
動物　使う　美しい　ライオン　かなでる
名高い　自動車　考える　遠い

形容詞	動詞	名詞《めいし》
ものの様子を表す言葉。（～い、～しい）	動きを表す言葉。	ものの名前を表す言葉。
遠い	考える	自動車

8 言葉の分類 ②

名前

□の中の言葉を分類しましょう。

ずっしり　やるせない　心強い　がっしり　好評だ
情けない　さわやかだ　どっしり　びっしり　きれいだ
ほどよい　ざくざく　順調だ　ここちよい　なかなかだ
か弱い　優《ゆう》しゅうだ　たっぷり

副詞	形容動詞	形容詞《けいようし》
ものごとの動き・状態・程度をくわしく説明する言葉。	ものごとの性質や状態を表す言葉。（〜だ）	ものの様子や性質を表す言葉。（〜い、〜しい）

副詞	形容動詞	形容詞
たっぷり	好評だ	か弱い

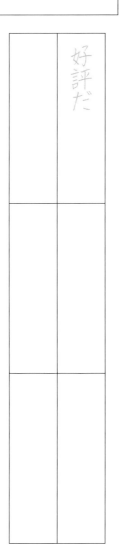

9 文の分解 ①

名前

❀ 例にならって、次の文を二つの文にしましょう。

〈例〉

私《わたし》が　かいた　絵　が　金賞をとった。

①　私が　絵　を　かいた。

②　その　絵　が　金賞をとった。

(1)

ジョンが　植えた　木　が　育った。

①　　　を　

②　　　が　

9 文の分解 ②

名前

次の文を二つの文にしましょう。

(1)

ベンが	思いえがいた	遊園地	が	できあがった。

①

		を	

②

		が	

(2)

ボブが	毎日続けた	貯金	が	百万円になった。

①

		を	

②

		が	

／

10 文の合体 ①

名前

❀ 二つの文をつなぎ言葉を使って一つの文にしましょう。

〈例〉

明日は　遠足　です。
行き先は　ハワイ　です。

明日は　遠足　で　行き先は　ハワイ　です。

でも　だが　で

①

先週は　ずっと雨　だった。
今週は　ずっと晴れ　だった。

だった　だった。

ので　から　けれど

10 文の合体 ②

名前

二つの文をつなぎ言葉を使って一つの文にしましょう。

①

晴れなら　遠足　である。

雨なら　読書会　である。

けれど　ので　から

（　　　　である　　　　である。）

②

子犬が　わが家に　来た。

子犬は　まだまだ　小さい。

けれど　ので　から

（　　　　来た　　　　小さい。）

11 常体と敬体《けいたい》①

名前

次の文を、常体の文（ふつうの言い方）にしましょう。

① 宇宙人《うちゅうじん》について考えましょう。
↓
宇宙人について考え［よう］。

② 火星人はタコのようです。
↓
火星人はタコのよう［だ］。

③ 映《えい》画《が》で見たイメージです。
↓
映画で見たイメージ［　］。

④ えいきょうを受けています。
↓
えいきょうを受けて［　］。

⑤ ツチノコも同じです。
↓
ツチノコも同じ［　］。

⑥ またカッパも同様です。
↓
またカッパも同様［　］。

⑦ 真実はわかりません。
↓
真実はわから［　］。

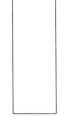

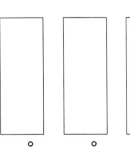

11 常体と敬体 ②

名前

✿ 常体の文を、敬体《けいたい》の文（ていねいな言い方）にしましょう。

① ウサギを飼っている。
↓
ウサギを飼って います 。

② 茶色いウサギだ。
↓
茶色いウサギ　　。

③ 名前はモコという。
↓
名前はモコと　　。

④ 立って耳をそうじする。
↓
立って耳をそうじ　　。

⑤ そのしぐさがかわいい。
↓
そのしぐさがかわいい　　。

⑥ ウサギは鳴かない。
↓
ウサギは鳴き　　。

⑦ 飼いやすいと思う。
↓
飼いやすいと思い　　。

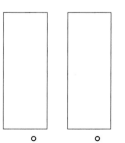

12 漢字の部首 ①

名前

／

部首の名前を［　］から選んで書き、その意味を線で結びましょう。

① 衤
② 礻
③ 冫
④ 禾
⑤ 阝

㋐ 神や祭りに関すること。
㋑ 着物のえりの部分をえがいたもの。
㋒ ずんぐりと土を積み重ねたさま。
㋓ 丸くたれるほの形。
㋔ 水より冷たいものに用いる。

のぎへん
ころもへん
にすい
こざとへん
しめすへん

12 漢字の部首 ②

部首の名前を［　］から選んで書き、その意味を線で結びましょう。

名前

① 食　［　　］　・　　・　㋐ こしを曲げてつえをついたさま。

② 米　［　　］　・　　・　㋑ 周囲をぐるりと囲んださまを示す。

③ 疒　［　　］　・　　・　㋒ しん台の上に横たわる様子。

④ 耂　［　　］　・　　・　㋓ 食べる動作。

⑤ 囗　［　　］　・　　・　㋔ 小さな米つぶの散った形をえがいたもの。

くにがまえ
こめへん
やまいだれ
しょくへん
おいかんむり

13 訓読み漢字 ①

名前

✿ 訓読みする漢字を書きましょう。送りがながあるものは送りがなも正しく書きましょう。

① ならべる

② みとめる

③ あらう

④ ことなる

⑤ みだれる

⑥ せ（体の一部分）

⑦ （もめ事を）さばく

⑧ （姿《すがた》を）うつす

⑨ おぎなう

⑩ よぶ

⑪ （息を）すう

⑫ きざむ

13 訓読み漢字 ②

名前

✿ 訓読みする漢字を書きましょう。送りがながあるものは送りがなも正しく書きましょう。

① はげしい

② むずかしい

③ みなもと

④ うやまう

⑤ のぞく

⑥ くらす

⑦ さがす

⑧ （雨が）ふる

⑨ わすれる

⑩ （花を）そなえる

⑪ たれる

⑫ きびしい

13 訓読み漢字 ③

名前

✿ 訓読みする漢字を書きましょう。送りがながあるものは送りがなも正しく書きましょう。

① おさない

② いただき（山のてっぺん）

③ ちぢむ

④ いたい

⑤ わかい

⑥ （目を）とじる

⑦ あぶない

⑧ （道に）そう

⑨ われ（に返る）

⑩ いたる

⑪ （ご飯を）もる

⑫ （包帯を）まく

13 訓読み漢字 ④

名前

訓読みする漢字を書きましょう。送りがながあるものは送りがなも正しく書きましょう。

① （会社に）つとめる

② とうとい

③ わたし（自分のこと）

④ したがう

⑤ （風船が）われる

⑥ おがむ

⑦ あずける

⑧ とどく

⑨ こまる

⑩ （青色に）そめる

⑪ しりぞく

⑫ （遠足日を）のばす

13

訓読み漢字 ⑤

名前

✿ 訓読みする漢字を書きましょう。送りがながあるものは送りがなも正しく書きましょう。

① あな

② すな

③ はら（体の一部分）

④ なみ（木）

⑤ ほす

⑥ した（口の中にある）

⑦ すてる

⑧ うら

⑨ まど

⑩ つくえ

⑪ たまご

⑫ （牛の）ちち

13 訓読み漢字 ⑥

名前

✿ 訓読みする漢字を書きましょう。送りがながあるものは送りがなも正しく書きましょう。

① わけ

② うたがう

③ （切り）かぶ

④ すがた

⑤ しお（海水）

⑥ むね（体の一部）

⑦ ほね

⑧ たて（と横）

⑨ （的を）いる

⑩ かいこ

⑪ いずみ

⑫ きず

14 同音異義語《いぎご》 ①

名前

同じ読みをする熟語《じゅくご》を書きましょう。

(1)
① 結果は（イ）（ガイ）であった。
② ナスビ（　）（　）はだいじょうぶ。

(2)
① 人工（エイ）（セイ）打ち上げ。
② 地域《ちいき》の（　）（　）を考える。

(3)
① 公園を（カイ）（ホウ）する。
② 重病が（　）（　）に向かう。

(4)
① すべての（カ）（テイ）に配布。
② これは（　）（　）の話だ。

(5)
① 深く（シ）（コウ）する。
② たくさん（　）（　）する。

(6)
① 行動を（シ）（ジ）する。
② 意見を（　）（　）する。

14 同音異《い》義《ぎ》語《ご》②

名前

/

同じ読みをする熟《じゅく》語《ご》を書きましょう。

(1)
① 科学に □□《カンシン》が強い。
② すごく □□ する。

(2)
① 工場の □□《キカイ》を見学。
② 会話の □□ がある。

(3)
① 秘密《ひみつ》の □□《キカン》である。
② 身体の □□ である。

(4)
① 寒い □□《キコウ》の地方。
② 国連の □□ である。

(5)
① 全国の □□《キショウ》を観測。
② 激《はげ》しい □□ のくま。

(6)
① 文章問題を □□《カイトウ》する。
② アンケートに 回答 する。

14 同音異義語《いぎご》 ③

名前

同じ読みをする熟語《じゅくご》を書きましょう。

(1)
① 楽団の □□（シキ） をとる。
② チームの □□ が上がる。

(2)
① 相手に □□（コウイ） をいだく。
② 父は □□ だ。

(3)
① 劇団《げきだん》の 公演（コウエン） がある。
② 教授の □□ がある。

(4)
① 山道を □□（カイソウ） する。
② 店を □□ した。

(5)
① 政府の □□（コウカン） が集まる。
② 俳優《はいゆう》に □□ を持つ。

(6)
① とても □□（コウセイ） な判断。
② 物語の □□ を話す。

14 同音異義《いぎご》語 ④

名前

同じ読みをする熟語《じゅくご》を書きましょう。

(1)
① 文章を □《コウ》□《セイ》 する。
② 記録を □□ に残す。

(2)
① 作品を □《シュウ》□《セイ》 する。
② 動物の □□ を知る。

(3)
① 友達《ともだち》と □《サイ》□《カイ》 する。
② 試合が □□ される。

(4)
① 明るい □《ショウ》□《メイ》 である。
② 答えを □□ する。

(5)
① 市場で 青《セイ》果《カ》 を買う。
② 努力の □□ だ。

(6)
① 作品を □《ソウ》□《イ》 工夫する。
② 国民の □□ を示す。

14 同音異《い》義《ぎ》語《ご》 ⑤

名前

❀ 同じ読みをする熟語《じゅくご》を書きましょう。

(1) ヨウイ

① 問題は□□である。

② 明日の□□をする。

(2) セイカク

① 答えは□□だった。

② 明るい□□である。

(3) キリツ

① 学習の□□がある。

② 全員が□□する。

(4) カイダン

① 屋上へ□□で行く。

② 代表が□□する。

(5) カンゲキ

① 学校で□□に行く。

② 演技に□□する。

(6) カメイ

① 国連に□□する。

② 名前は□□である。

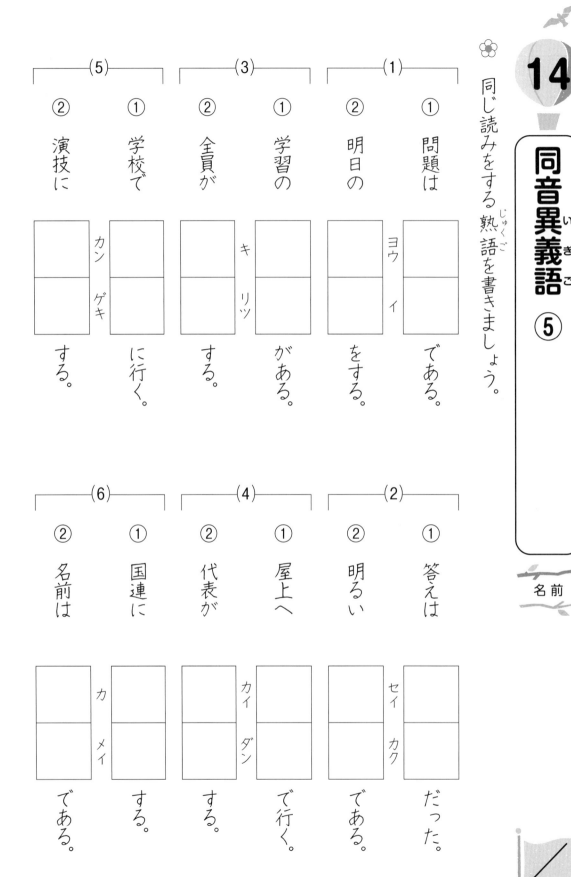

14 同音異義語《いぎご》 ⑥

名前

同じ読みをする熟語《じゅくご》を書きましょう。

(1)
① 読書 [カン][ソウ] 文。
② 音楽の [　][　] が長い。

(2)
① 重大な [キ][キ] である。
② 新しい [　][　] を使う。

(3)
① 全国を [キ][シャ] が走る。
② 雑誌《ざっし》の [　][　] になる。

(4)
① 両県の [キョウ][カイ] である。
② 作家の [　][　] に入る。

(5)
① かぜに [コウ][カ] がある。
② 空から [　][　] する。

(6)
① とても [コウ][カ] な洋服。
② 大声で [　][　] を歌う。

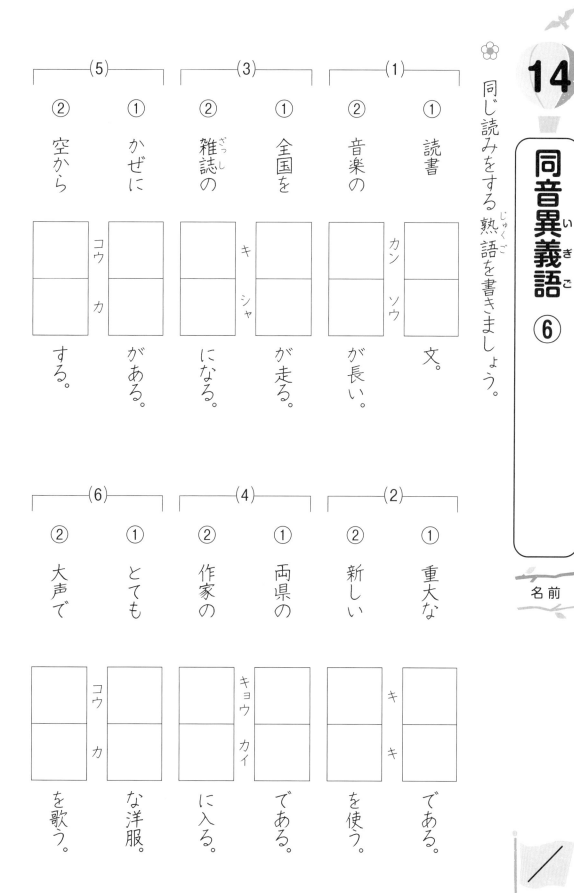

14 同音異義語《いぎご》 ⑦

名前

✿ 同じ読みをする熟語《じゅくご》を書きましょう。

(1)
① メロンは □□（コウブツ）だ。
② 貴重《きちょう》な □□ を発見。

(2)
① 田畑を □□（コウサク）する。
② 色紙で □□ をする。

(3)
① 活発に □□（コウドウ）する。
② 演説を □□ で聞く。

(4)
① 早起きは □□（シュウカン）である。
② 秋の読書 □□ である。

(5)
① 液体は □□（サンセイ）である。
② 半数が □□ した。

(6)
① 牧場の □□（シリョウ）を買う。
② 会議の □□ を作る。

14 同音異義《いぎご》語 ⑧

名前

✿ 同じ読みをする熟語《じゅくご》を書きましょう。

(1)（シ テン）
① てこの □□ を探《さが》す。
② お客の □□ で見る。

(2)（ショウ タイ）
① 両親を □□ する。
② 犯人の □□ をさぐる。

(3)（ショウ カ）
① ぼやを □□ する。
② 食物を □□ する。

(4)（ソウ ゾウ）
① 作品を 創造 する。
② 未来を □□ する。

(5)（ゾウ カ）
① 美しい □□ をかざる。
② 人口を □□ させる。

(6)（ハイ ソウ）
① 荷物を □□ する。
② 負けて □□ する。

15 特別な読み方の漢字 ①

名前

特別な読みをする熟語《じゅくご》です。読み方を書きましょう。

① 明日（　　　）

② 時計（　　　）

③ 昨日（　　　）

④ 一日（　　　）

⑤ 五月雨（　　　）

⑥ 今日（　　　）

⑦ 二日（　　　）

⑧ 今年（　　　）

⑨ 二十日（　　　）

⑩ 梅雨（　　　）

⑪ 今朝（　　　）

⑫ 七夕（　　　）

⑬ 上手（　　　）

⑭ 部屋（　　　）

⑮ 土産（　　　）

15 特別な読み方の漢字 ②

名前

特別な読みをする熟語《じゅくご》です。読み方を書きましょう。

① 友達（　　）

② 若人（　　）

③ 乳母（　　）

④ 兄さん（　　）

⑤ 息子（　　）

⑥ 大人（　　）

⑦ 姉さん（　　）

⑧ 博士（　　）

⑨ 素人（　　）

⑩ 迷子（　　）

⑪ 仲人（　　）

⑫ 八百屋（　　）

⑬ 一人（　　）

⑭ 海女（　　）

⑮ 寄席（　　）

16 同訓異字《いじ》 ①

名前

同じ訓読みする漢字を意味を考えて書きましょう。

(1)
① ニワトリが［　］。（なく）
② 子供《こども》が［　］。

(2)
① 人口が［　］。（へる）
② 赤道を［　］。

(3)
① まちがいを［　］。（なおす）
② 病気を［　］。

(4)
① 目の前に［　］。（あらわれる）
② 顔に［　］。

(5)
① 夜が［　］。（あける）
② とびらを［　］。

(6)
① 紙が［　］。（やぶれる）
② 試合に［　］。

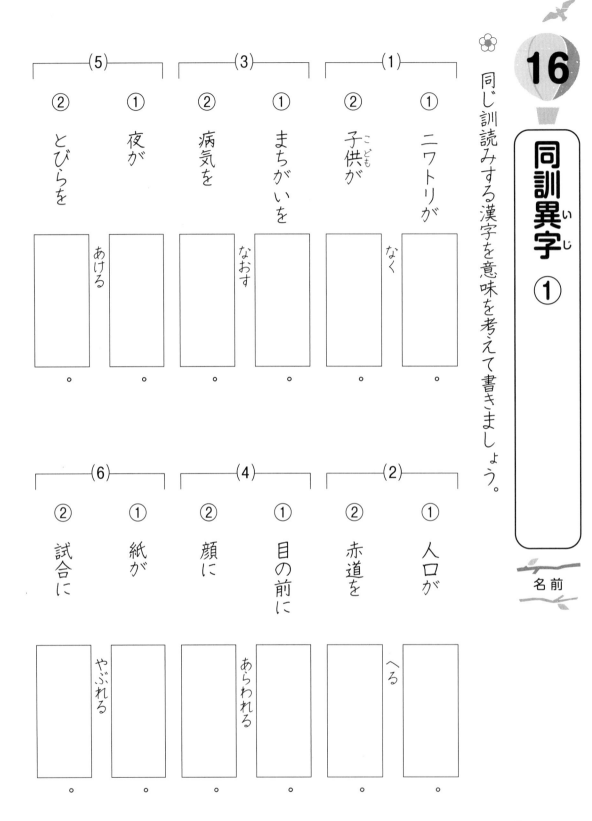

16

同訓異《い》字《じ》 ②

名前

同じ訓読みする漢字を意味を考えて書きましょう。

(1) きる

① 洋服を□。

② 画用紙を□。

(2) はやい

① 走るのが□。

② 朝が□。

(3) うつす

① 手本を□。

② 場所を□。

(4) あたたかい

① 気温が□。

② お湯が□。

(5) おさめる

① 国家を□。

② 容器に□。

(6) とめる

① 車を□。

② 心に□。

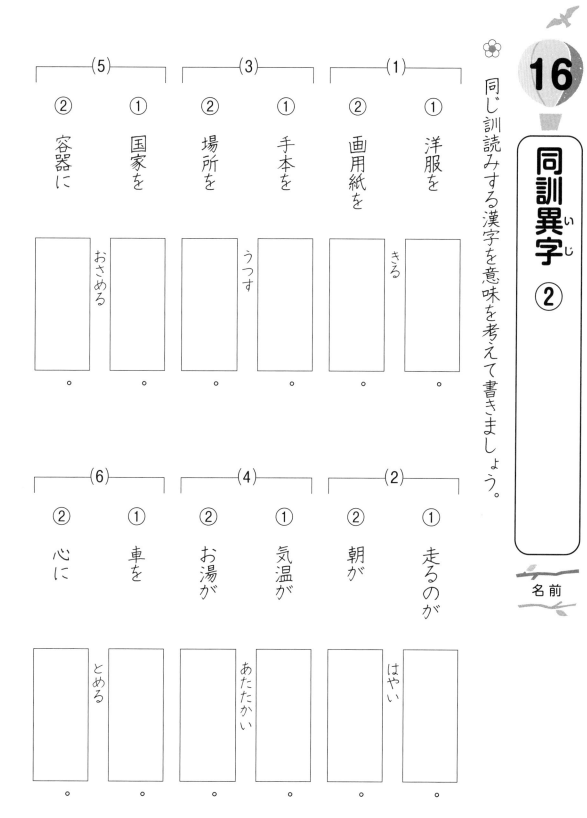

16 同訓異字《いじ》 ③

名前

同じ訓読みする漢字を意味を考えて書きましょう。

(1) あつい

① お茶が□。

② 夏は□。

(2) まるい

① 月は□。

② おぼんは□。

(3) とく

① 必要性を□。

② 問題を□。

(4) おさめる

① 税金を□。

② 学問を□。

(5) おろす

① 乗客を□。

② 両手を□。

(6) こたえる

① 期待に□。

② 質問に□。

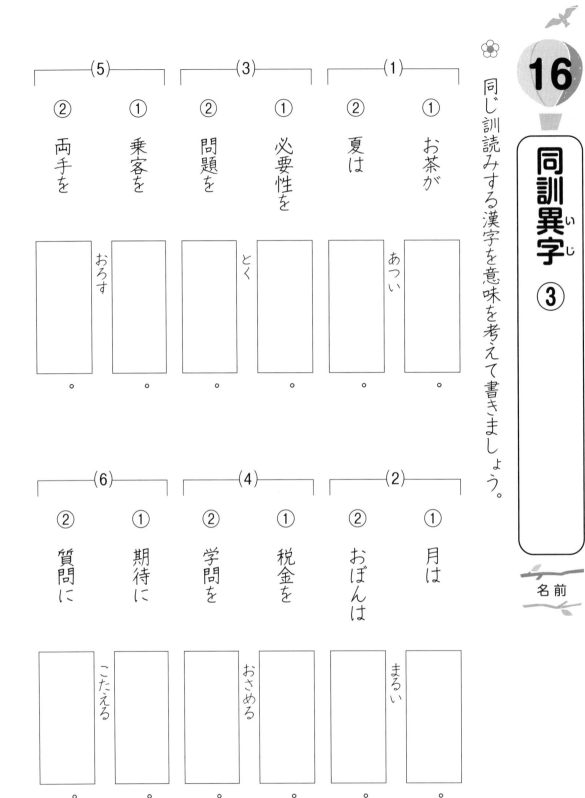

16 同訓異字《いじ》 ④

名前

同じ訓読みする漢字を意味を考えて書きましょう。

(1)
① 様子が［　］。
かわる
② 選手が［　］。

(2)
① 先生と［　］。
はなす
② 川に魚を［　］。

(3)
① 子供《こども》に［　］。
まじる
② 砂糖《さとう》と塩が［　］。

(4)
① おふろが［　］。
さめる
② 目が［　］。

(5)
① 会社に［　］。
つとめる
② 学問に［　］。

(6)
① 災害に［　］。
そなえる
② 花を［　］。

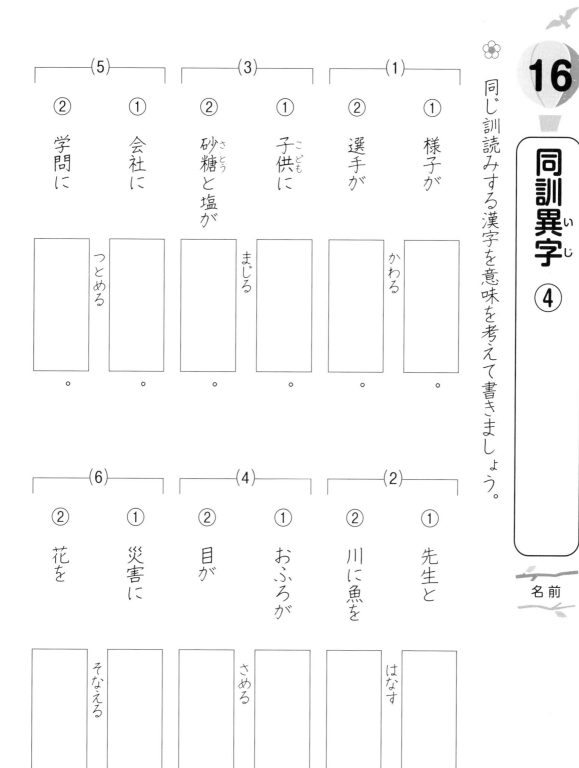

17 漢字ファミリー ①

名前

部首の名前を□から選んで書きましょう。また、同じ部首の漢字を書きましょう。

①
氵

②
彳

③
亻

④
言

⑤
木

にんべん
さんずい
きへん
ぎょうにんべん
ごんべん

氵 氵 氵 氵
彳 彳 彳 彳
亻 亻 亻 亻
言 言 言 言
木 木 木 木

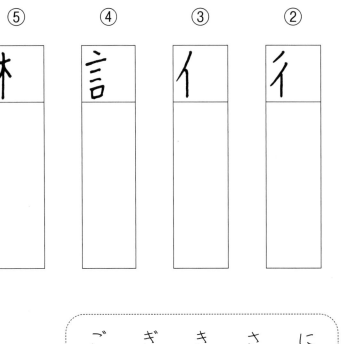

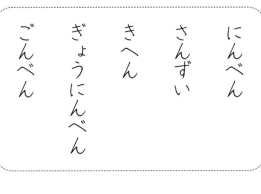

17 漢字ファミリー②

名前

／

部首の名前を□から選んで書きましょう。また、同じ部首の漢字を書きましょう。

① 辶

② 糸

③ 扌

④ 月

⑤ 艹

いとへん
にくづき
てへん
くさかんむり
しんにょう

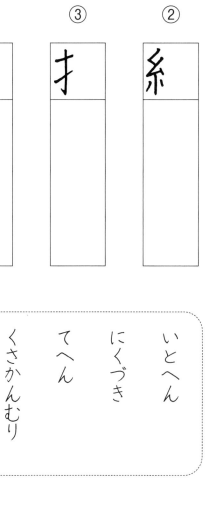

18 四字熟語 ①

□に漢数字をあてはめて、四字熟語《じゅくご》をつくりましょう。

名前

①　□期《ご》□会《え》

②　□分□厘《りん》

③　□日□秋

④　再□再□

⑤　□者択《たく》□

⑥　□寒□温

⑦　□進□退

⑧　□苦□苦

⑨　□石□鳥

⑩　□転□起

⑪　□宿□飯

⑫　海□山□

／

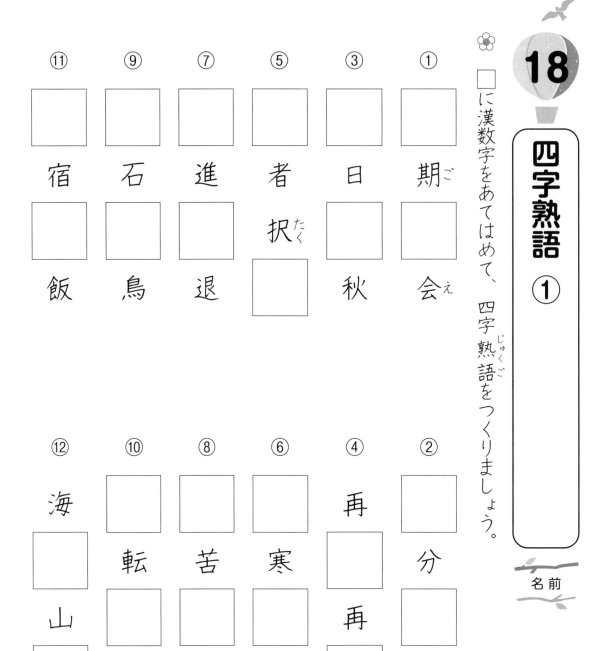

18 四字熟語 ②

名前

□に漢数字をあてはめて、四字熟語《じゅくご》をつくりましょう。

① □朝□夕《せき》

③ □人□脚《きゃく》

⑤ □□時中

⑦ □長□短

⑨ □年□昔

⑪ □差□別

② □人□色

④ □刻《こく》□金

⑥ □位《み》□体

⑧ □方□方

⑩ □捨《しゃ》□入

⑫ □挙□動

18 反対四字熟語 ③

名前

□から漢字を選んで□にあてはめて、四字熟語《じゅくご》をつくりましょう。

① □《せい》耕《こう》□《う》読《どく》

② 空《くう》□《ぜん》絶《ぜつ》□《ご》

③ □《じゅう》□《おう》無《む》尽《じん》

④ □《しゅ》□《しゃ》選《せん》択《たく》

⑤ 古《こ》今《こん》□《とう》□《ざい》

⑥ □《しゅう》□《し》一《いっ》貫《かん》

⑦ 自《じ》□《もん》自《じ》□《とう》

⑧ □《う》往《おう》□《さ》往《おう》

⑨ 起《き》□《し》回《かい》□《せい》

⑩ 頭《ず》□《かん》足《そく》□《ねつ》

⑪ □《い》口《く》□《どう》音《おん》

⑫ 一《いっ》□《しん》同《どう》□《たい》

後 前 横 体 左 捨《しゃ》 雨 東 西 死 右 縦《じゅう》
終 寒 心 問 始 答 同 熱 取 晴 生 異《い》

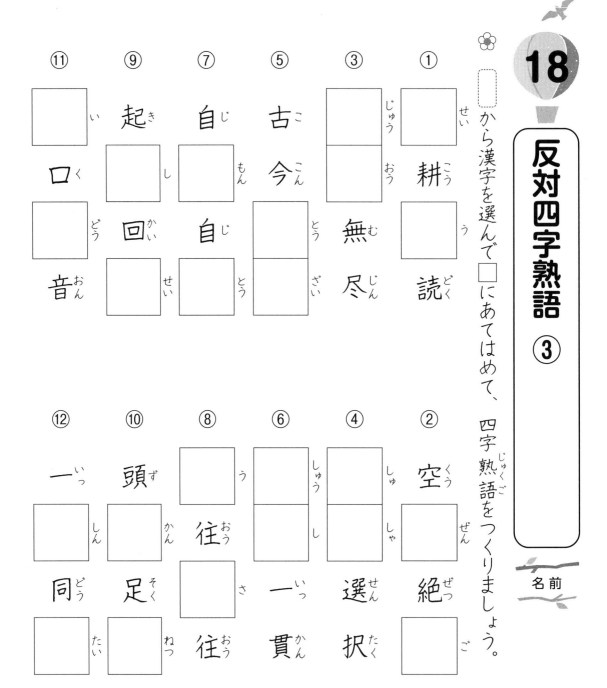

18 反対四字熟語 ④

名前

□から漢字を選んで□にあてはめて、四字熟語《じゅくご》をつくりましょう。

① □《じゃく》肉《にく》□《きょう》食《しょく》

② □《ゆう》名《めい》□《む》実《じつ》

③ 半《はん》□《しん》半《はん》□《ぎ》

④ □《だい》同《どう》□《しょう》異《い》

⑤ □《うみ》千《せん》□《やま》千《せん》

⑥ □《ぜん》□《ご》不《ふ》覚《かく》

⑦ 三《さん》□《かん》四《し》□《おん》

⑧ □《こう》平《へい》無《む》□《し》

⑨ □《にっ》進《しん》□《げっ》歩《ぽ》

⑩ 九《きゅう》□《し》一《いっ》□《しょう》

⑪ □《もん》□《どう》無《む》用《よう》

⑫ 温《おん》□《こ》知《ち》□《しん》

新 疑《ぎ》 生 日 大 私《し》 問 後 弱 無 前 寒

公 有 死 海 温 小 強 信 故 山 月 答

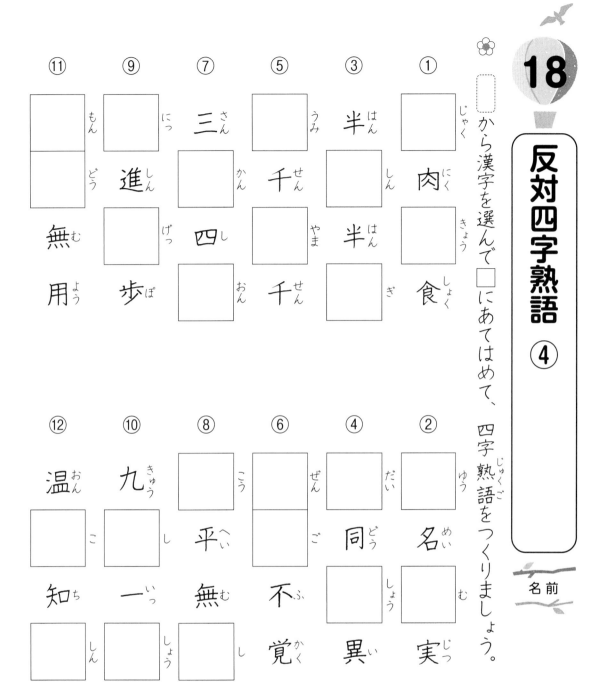

19 漢字クロス①

名前

矢印の向きに熟語《じゅくご》ができます。□に漢字を書きましょう。

①
直 ↓ □
力 ← □ → 界
□ ↓ 点

②
片 ↓ □
横 → □ → 巻
□ ↓ 筋

③
下 ↓ □
格 ← □ → 雨
□ ↓ 下

④
墓 ↓ □
節 → □ ← 針
風 ↑ □

⑤
手 ↓ □
値 → □ → 差
□ ↓ 位

⑥
月 ↓ □
走 ← □ → 木
□ ↓ 列

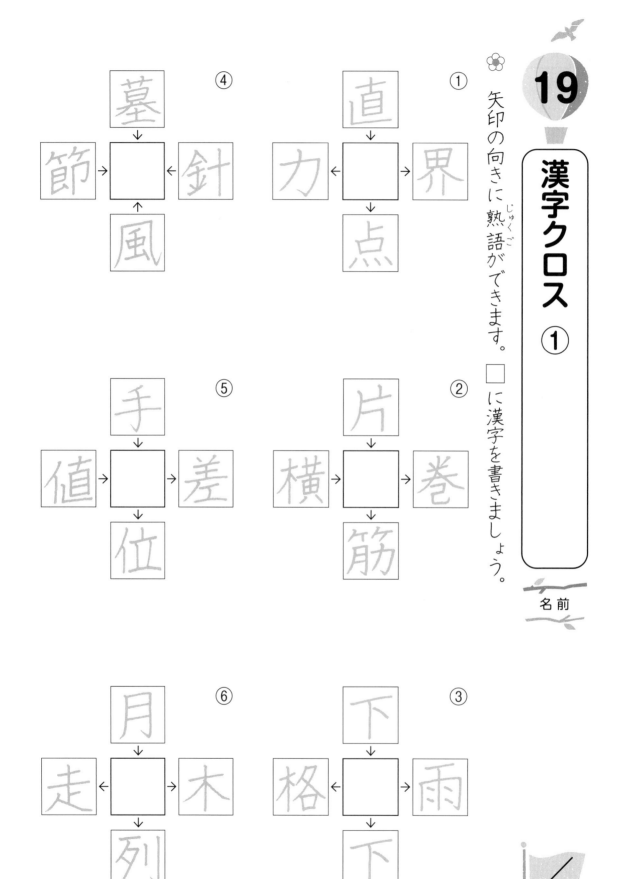

19 漢字クロス ②

名前

矢印の向きに熟語《じゅくご》ができます。□に漢字を書きましょう。

①

	公 ↓	
誤 →	□	→ 証
	↑ 視	

②

	相 ↓	
変 →	□	→ 常
	↓ 例	

③

	清 ↓	
毛 ←	□	→ 白
	↓ 色	

④

	水 ↓	
車 ←	□	→ 脳
	↓ 練	

⑤

	実 ↓	
仏 →	□	← 映
	↑ 残	

⑥

	注 ↓	
反 →	□	← 放
	↑ 日	

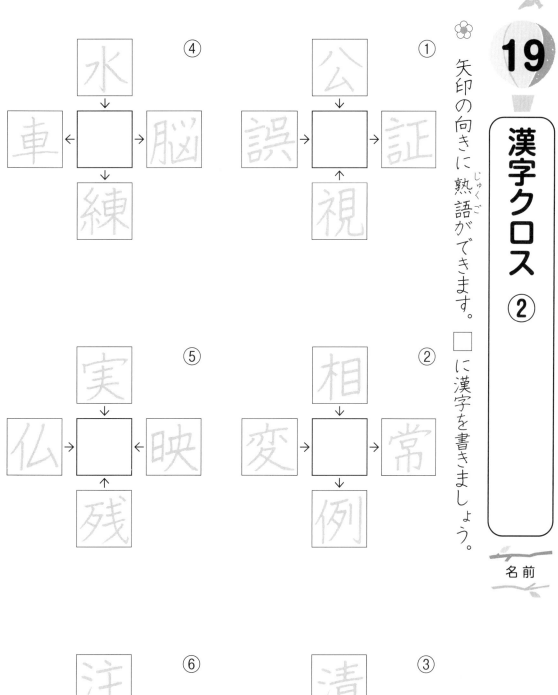

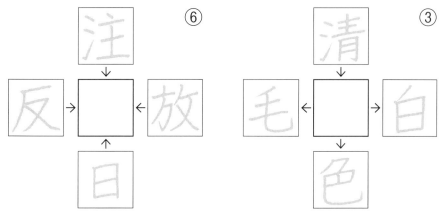

19 漢字クロス ③

名前

❀ 矢印の向きに熟語《じゅくご》ができます。□に漢字を書きましょう。

①
- 音 → □
- 広 → □
- 全 → □
- 海 → □

②
- 進 → □
- 親 → □
- □ → 開
- □ → 望

③
- 伝 → □
- □ → 知
- □ → 認
- □ → 服

④
- 動 → □
- 反 → □
- 戦 → □
- □ → 雑

⑤
- 土 → □
- 貯 → □
- 所 → □
- 愛 → □

⑥
- 来 → □
- □ → 問
- 歴 → □
- □ → 米

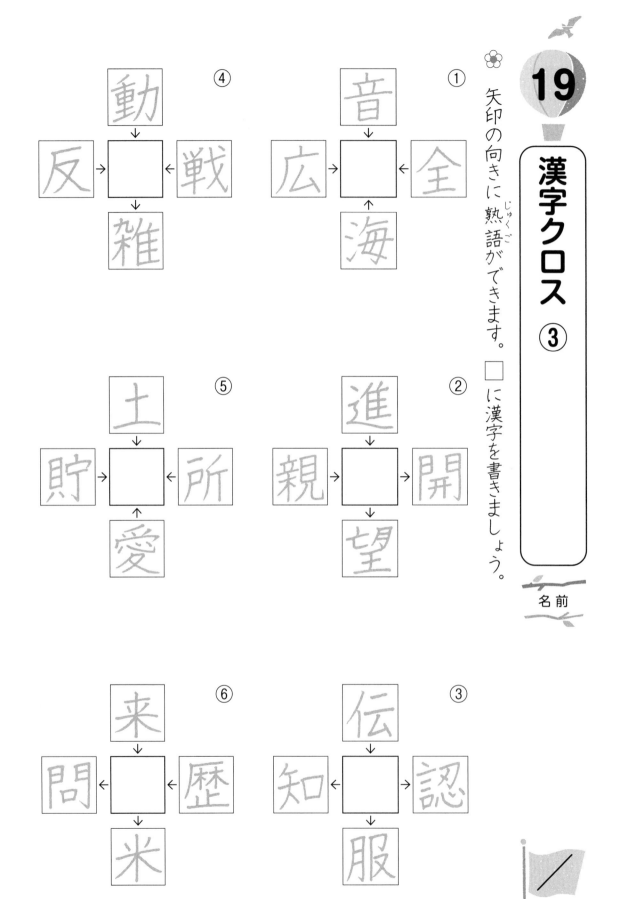

19 漢字クロス④

名前

✿ 矢印の向きに熟語《じゅくご》ができます。□に漢字を書きましょう。

①

	世	
	↑	
分 ←	□	→ 方
	↓	
	置	

②

	断	
	↓	
低 →	□	← 表
	↑	
	下	

③

	大	
	↓	
首 →	□	→ 天
	↓	
	死	

④

	去	
	↓	
職 ←	□	→ 学
	↓	
	業	

⑤

	判	
	↑	
洋 →	□	← 決
	↓	
	断	

⑥

	内	
	↓	
五 →	□	→ 物
	↑	
	肺	

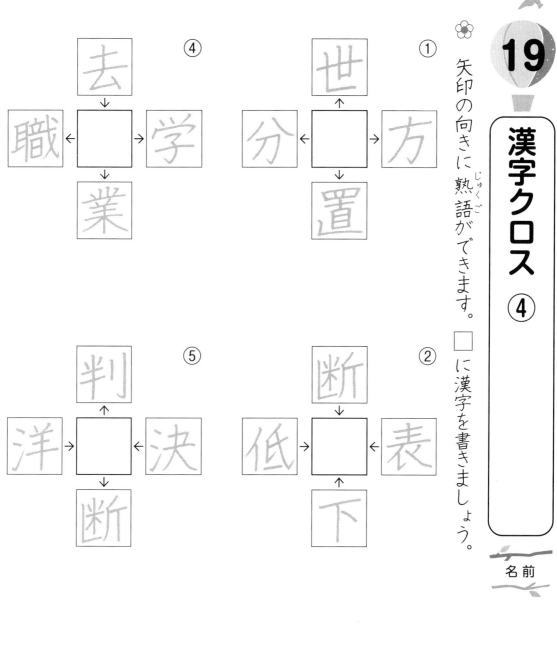

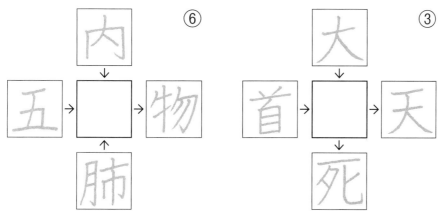

19 漢字クロス ⑤

名前

矢印の向きに熟語《じゅくご》ができます。□に漢字を書きましょう。

①

放
↓
上 → □ ← 投
↓
写

②

修
↑
足 ← □ → 完
↓
欠

③

公
↓
鉄 ← □ → 有
↓
立

④

内
↓
終 → □ ← 銀
↑
討

⑤

声
↑
道 ← □ → 口
↓
表

⑥

内
↓
室 ← □ → 集
↓
着

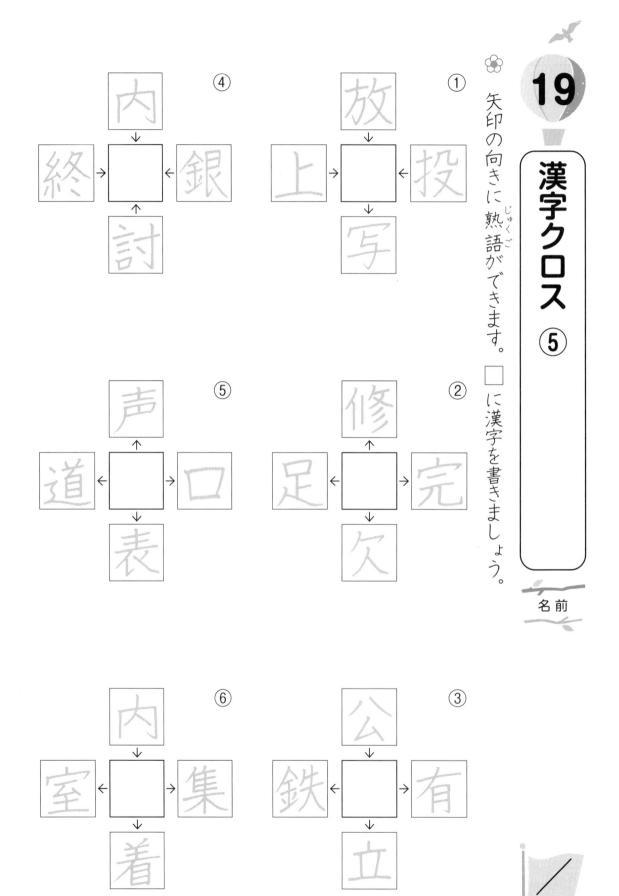

19 漢字クロス⑥

名前

✿ 矢印の向きに熟語《じゅくご》ができます。□に漢字を書きましょう。

①
- 連 → □
- 点 → □
- □ → 吸
- □ → 応

②
- 時 → □
- 定 → □
- □ ← 深
- □ → 印

③
- 書 → □
- 略 ← □
- □ → 素
- □ → 易

④
- 保 → □
- 生 → □
- □ → 命
- □ → 在

⑤
- 過 → □
- 急 → □
- □ → 論
- □ → 動

⑥
- 困 → □
- 点 ← □
- □ → 色
- □ → 解

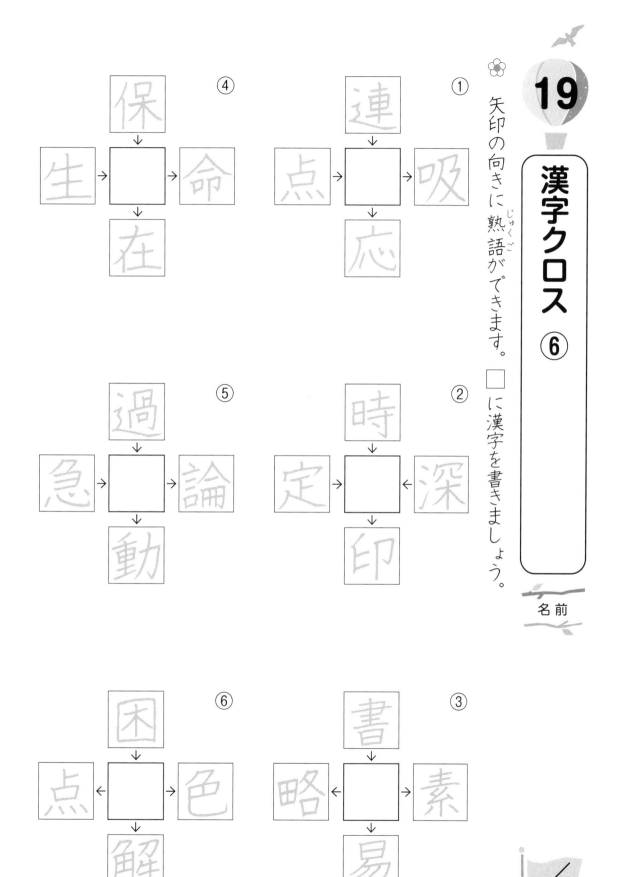

19 漢字クロス ⑦

名前

✿ 矢印の向きに熟語《じゅくご》ができます。□に漢字を書きましょう。

①

	質	
	↓	
容 →	□	→ 念
	↓	
	問	

②

	尊	
	↓	
遠 ←	□	→ 意
	↓	
	老	

③

	正	
	↓	
算 ←	□	→ 報
	↓	
	解	

④

	独	
	↓	
立 ←	□	→ 造
	↓	
	意	

⑤

	外	
	↑	
法 ←	□	→ 雪
	↓	
	去	

⑥

	求	
	↑	
知 ←	□	→ 査
	↓	
	検	

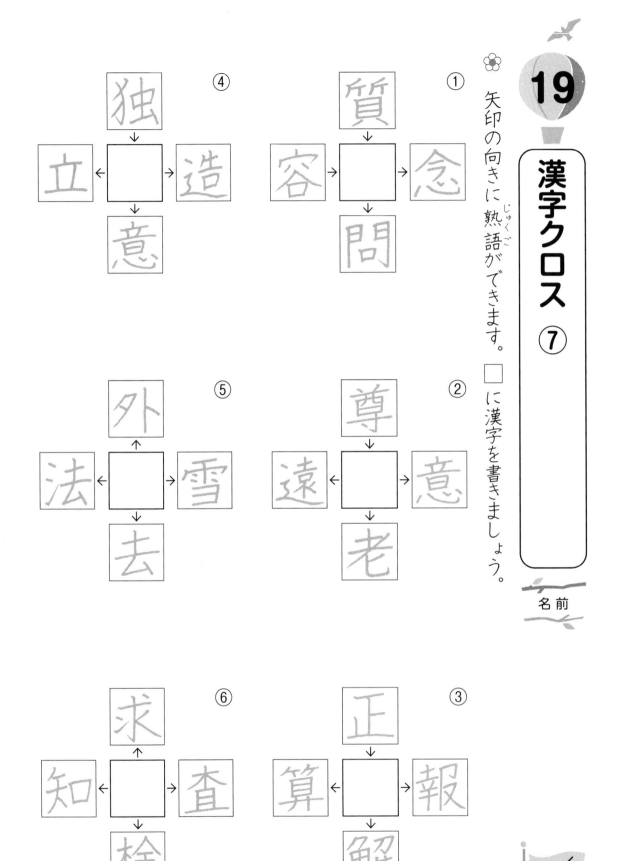

19 漢字クロス ⑧

名前

✿ 矢印の向きに熟語《じゅくご》ができます。□に漢字を書きましょう。

①
口
↓
講 → □ → 席
↑
王

②
立
↓
兵 ← □ → 出
↓
手

③
小
↓
古 → □ → 湯
↑
金

④
支
↓
保 → □ ← 故
↓
子

⑤
夜
↓
官 ← □ → 備
↓
察

⑥
内
↓
通 → □ ← 直
↑
意

19 漢字クロス ⑨

名前

矢印の向きに熟語《じゅくご》ができます。□に漢字を書きましょう。

①

	資	
	↓	
起 →	□	→ 流
	↑	
	電	

②

	検	
	↓	
幕 ←	□	→ 論
	↓	
	議	

③

	造	
	↑	
規 →	□	→ 様
	↓	
	型	

④

	金	
	↓	
秘 →	□	← 対
	↓	
	略	

⑤

	提	
	↓	
出 ←	□	→ 給
	↑	
	自	

⑥

	分	
	↓	
別 →	□	→ 数
	↓	
	子	

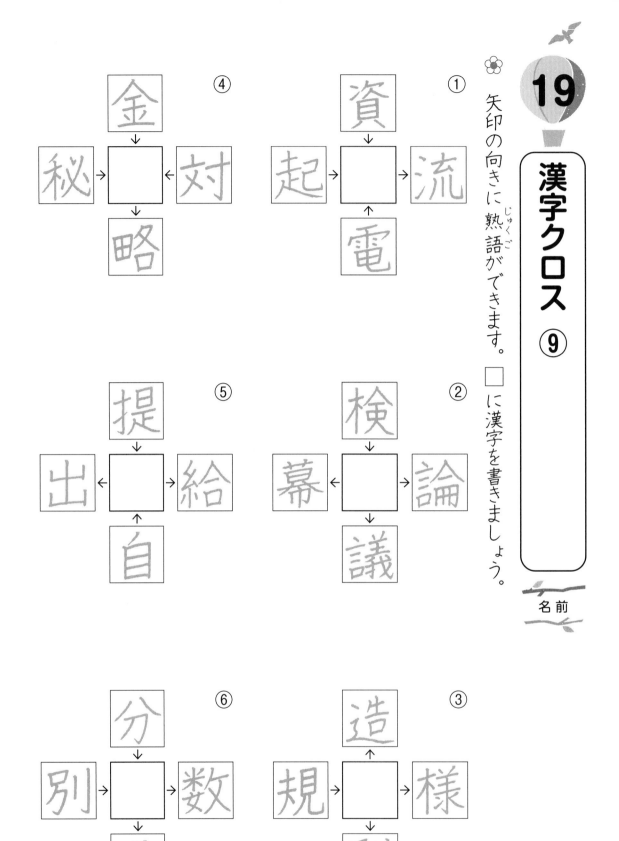

19 漢字クロス ⑩

名前

矢印の向きに熟語《じゅくご》ができます。□に漢字を書きましょう。

①
- 上：服 ↓
- 左：仮 →
- 右：→ 置
- 下：↓ 備

②
- 上：神 ↓
- 左：費 ←
- 右：→ 度
- 下：↓ 験

③
- 上：満 ↓
- 左：風 →
- 右：← 干
- 下：↓ 風

④
- 上：論 ↑
- 左：移 ←
- 右：→ 察
- 下：↓ 理

⑤
- 上：容 ↓
- 左：勇 →
- 右：← 旅
- 下：↓ 勢

⑥
- 上：果 ↓
- 左：立 ←
- 右：→ 木
- 下：↓ 液

19 漢字クロス ⑪

名前

矢印の向きに熟語《じゅくご》ができます。□に漢字を書きましょう。

①
- 上：役 ↓ □
- 左：高 ← □
- 右：□ → 引
- 下：□ ↓ 合

②
- 上：囲 ↑ □
- 左：肉 ← □
- 右：□ → 部
- 下：□ ↓ 中

③
- 上：尊 ↓ □
- 左：守 ← □
- 右：□ → 冬
- 下：□ ↓ 格

④
- 上：虫 ↓ □
- 左：下 → □
- 右：□ → 直
- 下：□ ↓ 線

⑤
- 上：鉄 ↓ □
- 左：背 → □
- 右：□ → 格
- 下：□ ↓ 折

⑥
- 上：出 ↓ □
- 左：労 ← □
- 右：□ → 勉
- 下：□ ↓ 務

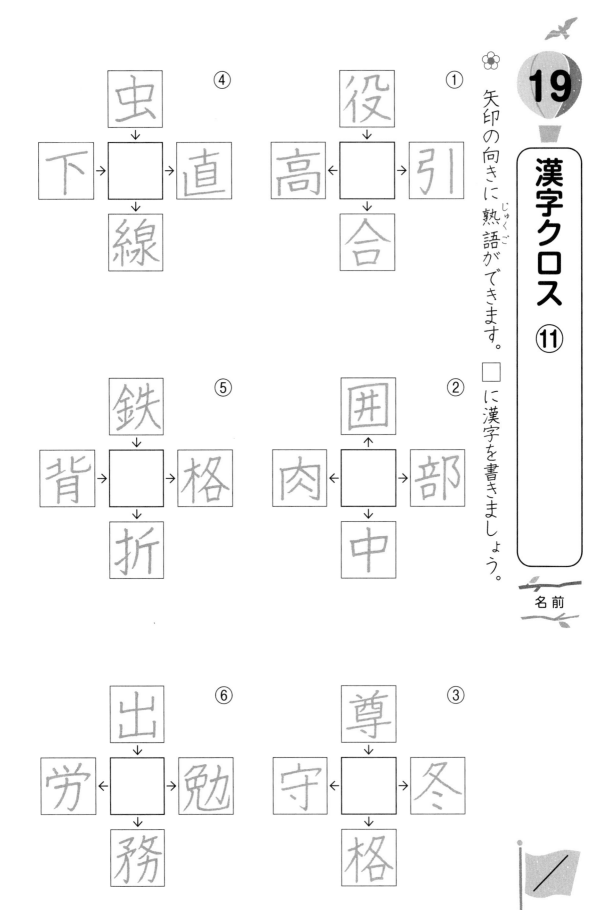

郵 便 は が き

料金受取人払郵便

大阪北局
承 認
247

差出有効期間
2024年5月31日まで
※切手を貼らずに
お出しください。

5 3 0 - 8 7 9 0

1 5 4

大阪市北区兎我野町15－13
ミユキビル

フォーラム・A
愛読者係 行

愛読者カード ご購入ありがとうございます。

フリガナ お名前		性別	男 ・ 女
		年齢	歳
TEL FAX	（ ）	ご職業	
ご住所	〒 ―		
E-mail	@		

ご記入いただいた個人情報は、当社の出版の参考にのみ活用させていただきます。
第三者には一切開示いたしません。

□学力がアップする教材満載のカタログ送付を希望します。

●ご購入書籍・プリント名

●ご購入店舗・サイト名等（　　　　　　　　　　　　　　　　　　　　　　　　　　　　　）

●ご購入の決め手は何ですか？（あてはまる数字に○をつけてください。）

1．表紙・タイトル　　2．中身　　3．価格　　4．SNSやHP

5．知人の紹介　　6．その他（　　　　　　　　　　　　　　　　）

●本書の内容にはご満足いただけたでしょうか？（あてはまる数字に○をつけてください。）

たいへん満足　5　4　3　2　1　不満

●本書の良かったところや改善してほしいところを教えてください。

●ご意見・ご感想、本書の内容に関してのご質問、また今後欲しい商品のアイデアがありましたら下欄にご記入ください。

ご協力ありがとうございました。

★ご感想を小社HP等で匿名でご紹介させていただく場合もございます。　□可　□不可

★おハガキをいただいた方の中から抽選で10名様に2,000円分の図書カードをプレゼント！
当選の発表は、賞品の発送をもってかえさせていただきます。

19 漢字クロス ⑫

名前

✿ 矢印の向きに熟語《じゅくご》ができます。□に漢字を書きましょう。

①
日 → □
雑 → □
□ → 面
会 → □

②
□ → 年
□ → 少
□ → 児
□ → 虫

③
税 → □
回 → □
□ → 納
□ → 入

④
順 → □
□ → 命
□ → 期
□ → 長

⑤
半 → □
早 → □
□ → 考
□ → 練

⑥
操 → □
□ → 断
□ → 列
□ → 横

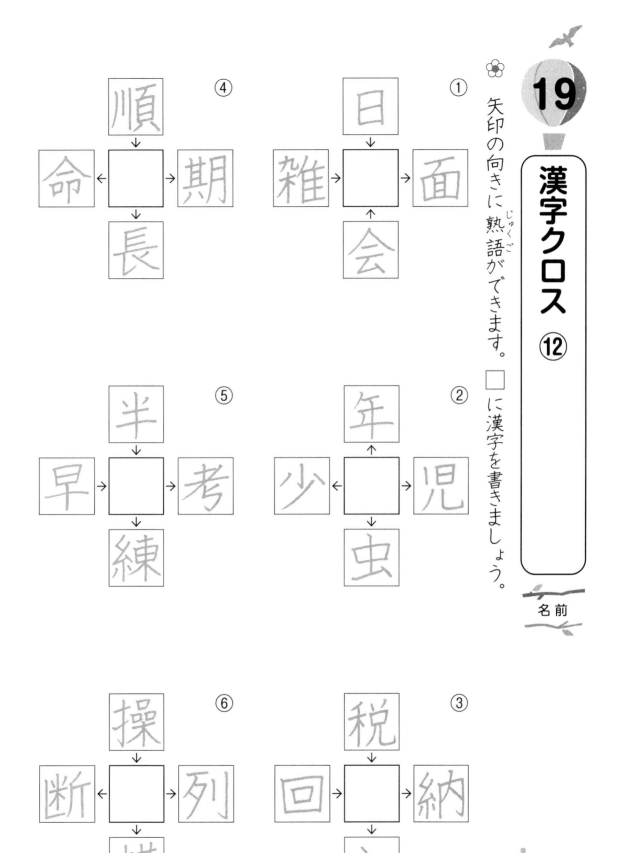

19 漢字クロス ⑬

名前

✿ 矢印の向きに熟語《じゅくご》ができます。□に漢字を書きましょう。

①
- 登 → □
- 絶 → □
- □ → 点
- □ → 上

②
- 天 → □
- 宿 → □
- □ → 対
- □ → 意

③
- 家 → □
- 統 ← □
- □ → 図
- □ → 列

④
- 忠 → □
- 心 ← □
- □ → 意
- □ → 実

⑤
- 養 → □
- 糸 ← □
- □ → 業
- □ → 食

⑥
- 同 → □
- 加 → □
- □ → 友
- 連 → □

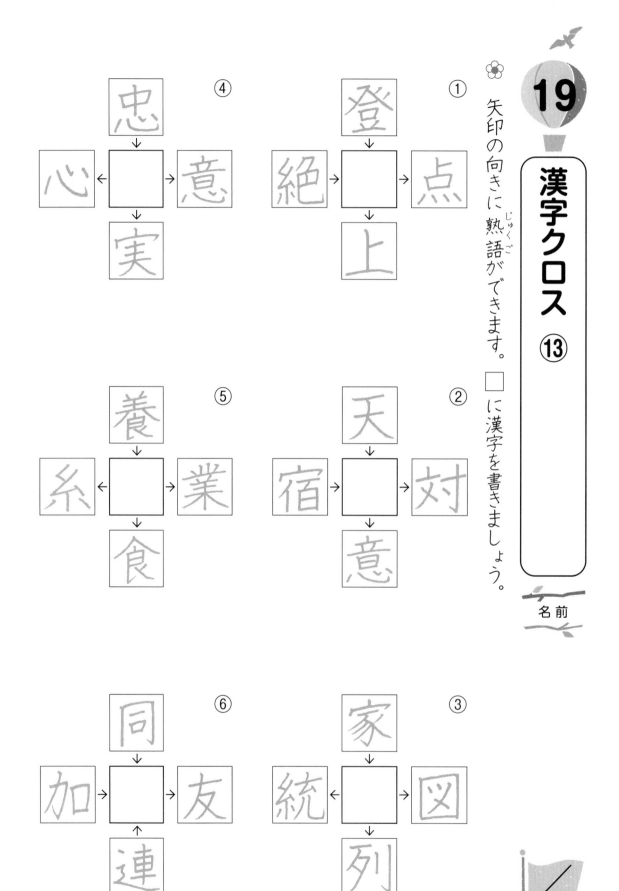

19 漢字クロス ⑭

名前

✿ 矢印の向きに熟語《じゅくご》ができます。□に漢字を書きましょう。

①
降→□
海←□→機
□→時

②
採→□
一→□→法
□→前

③
快←□
頭→□←苦
□→切

④
圧→□
短→□→小
□→図

⑤
温→□
流←□→冬
□→色

⑥
今→□
翌→□→飯
□→春

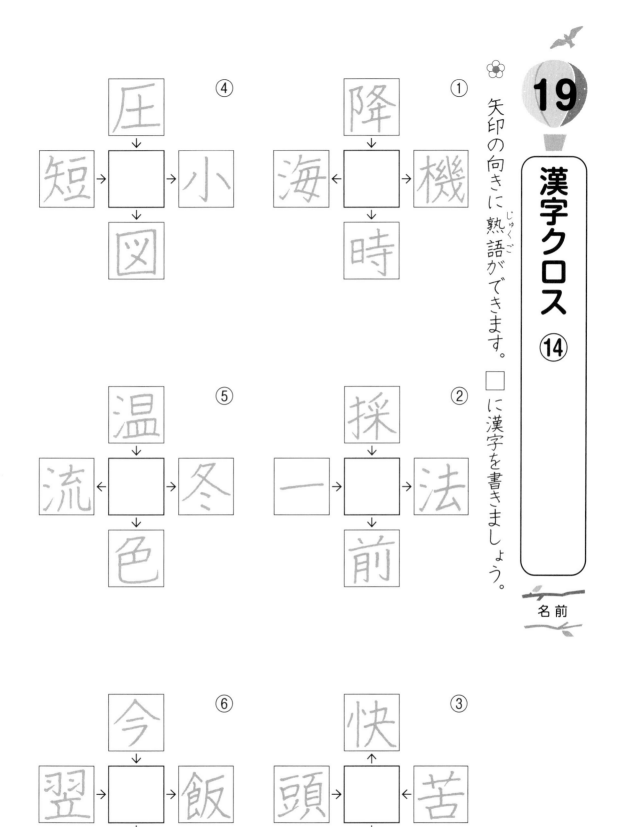

19 漢字クロス ⑮

名前

矢印の向きに熟語《じゅくご》ができます。□に漢字を書きましょう。

①
重↓□
負→□←損
□↓口

②
結↓□
討→□→理
□↓破

③
玉↑□
改→□→意
□↓良

④
観↓□
的←□→団
□↓場

⑤
俳↓□
勢←□→先
□↓勝

⑥
念↑□
属←□→用
□↓門

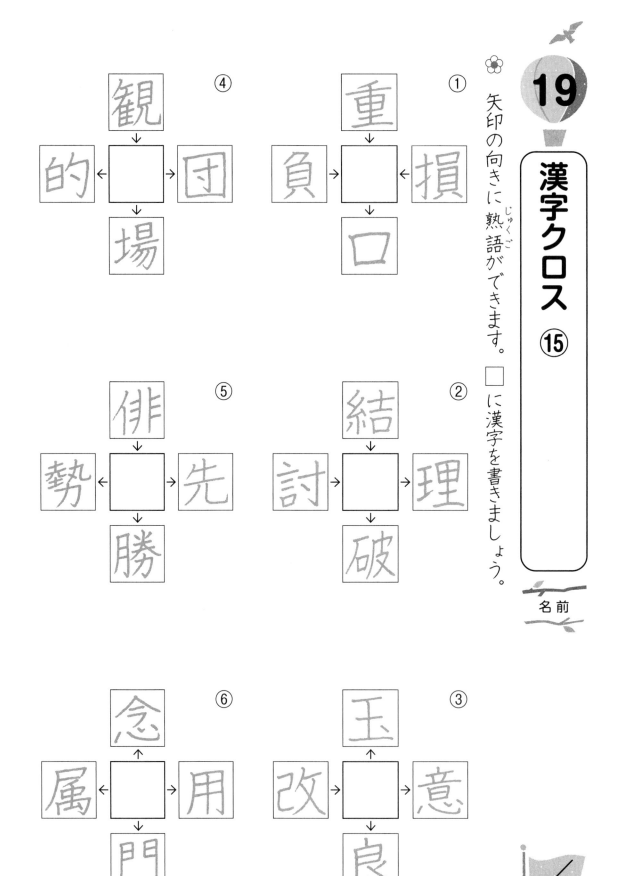

19 漢字クロス ⑯

名前

✿ 矢印の向きに熟語《じゅくご》ができます。□に漢字を書きましょう。

①
取 → □
四 → □ → 印
□ → 身

②
葉 ← □
潮 ← □ → 茶
□ → 白

③
国 → □
秘 → □ → 石
財 → □

④
同 → □
車 → □ → 口
□ → 際

⑤
鉄 → □
道 ← □ → 力
□ → 肉

⑥
重 ← □
高 → □ → 族
□ → 人

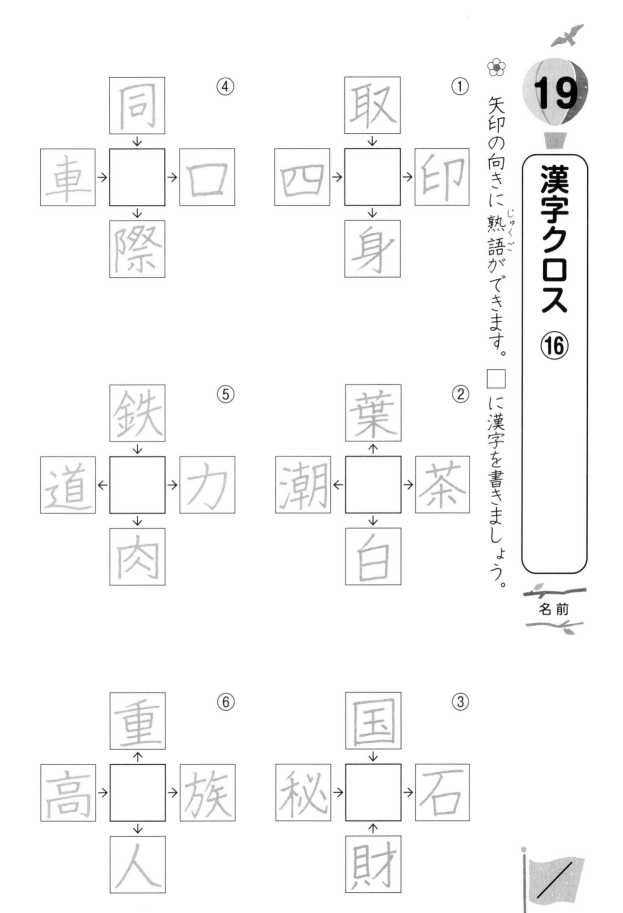

19 漢字クロス ⑰

名前

矢印の向きに熟語《じゅくご》ができます。□に漢字を書きましょう。

①

	正 ↓	
主 →	□	← 定
	↓ 理	

②

	人 ↓	
限 ←	□	→ 利
	↓ 力	

③

	分 ↓	
当 ←	□	→ 任
	↑ 加	

④

	共 ↓	
名 ←	□	→ 者
	↓ 作	

⑤

	自 ↓	
大 ←	□	→ 敬
	↓ 重	

⑥

	主 ↓	
業 ←	□	→ 事
	↓ 順	

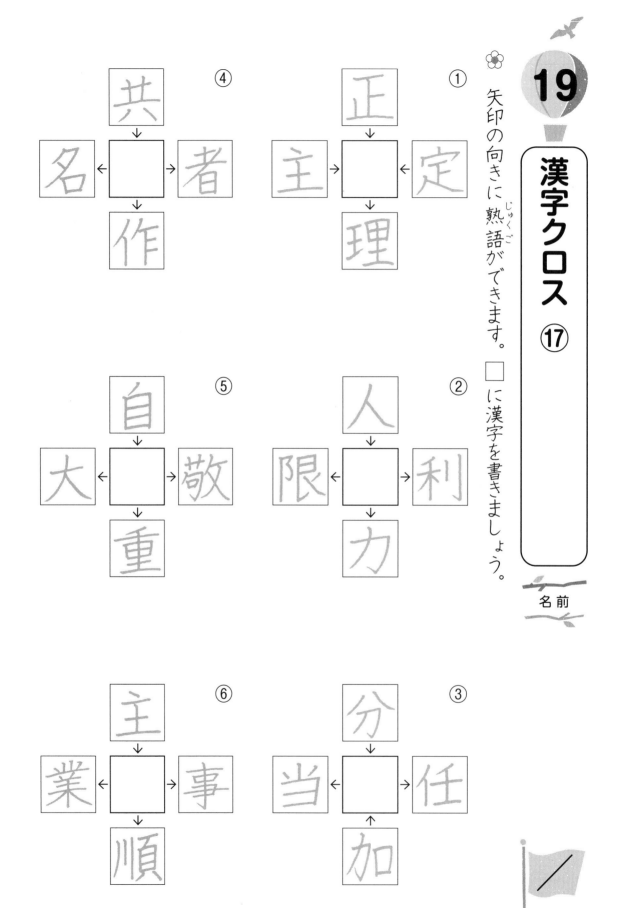

19 漢字クロス ⑱

名前

✿ 矢印の向きに熟語《じゅくご》ができます。□に漢字を書きましょう。

①

参
↓
受 ← □ → 読
↓
見

②

家
↓
借 ← □ → 金
↓
貸

③

実
↑
犬 ← □ → 義
↓
告

④

本
↓
人 → □ → 糸
↓
地

⑤

後
↓
進 → □ → 出
↓
場

⑥

悪
↑
君 ← □ → 島
↓
国

19 漢字クロス ⑲

名前

✿ 矢印の向きに熟語《じゅくご》ができます。□に漢字を書きましょう。

①

	天	
	↓	
子 ←	□	→ 居
	↓	
	后	

②

	価	
	↑	
主 ←	□	→ 券
	↓	
	式	

③

	縮	
	↓	
巻 →	□	→ 度
	↓	
	八	

④

	意	
	↓	
望 ←	□	← 食
	↓	
	求	

⑤

	方	
	↑	
時 ←	□	→ 道
	↓	
	側	

⑥

	貧	
	↓	
苦 ←	□	→ 絶
	↓	
	難	

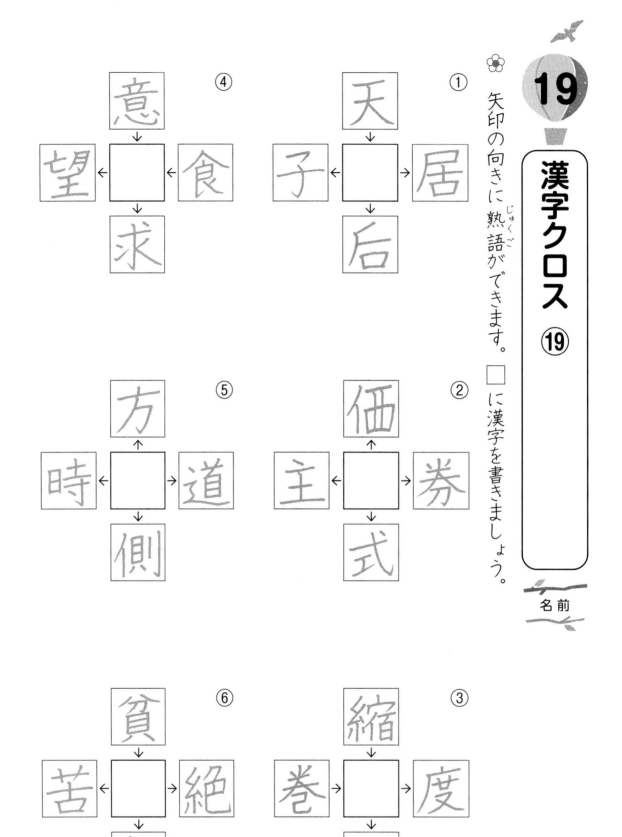

19 漢字クロス ⑳

名前

❀ 矢印の向きに熟語《じゅくご》ができます。□に漢字を書きましょう。

①

改
↓
門 ← □ → 派
↓
教

②

数
↓
価 → □ ← 元
↓
段

③

完
↓
決 → □ ← 経
↑
返

④

政
↓
首 ← □ ← 徒
↑
野

⑤

作
↓
歌 → □ ← 名
↑
動

⑥

骨
↑
伝 ← □ → 作
↓
産

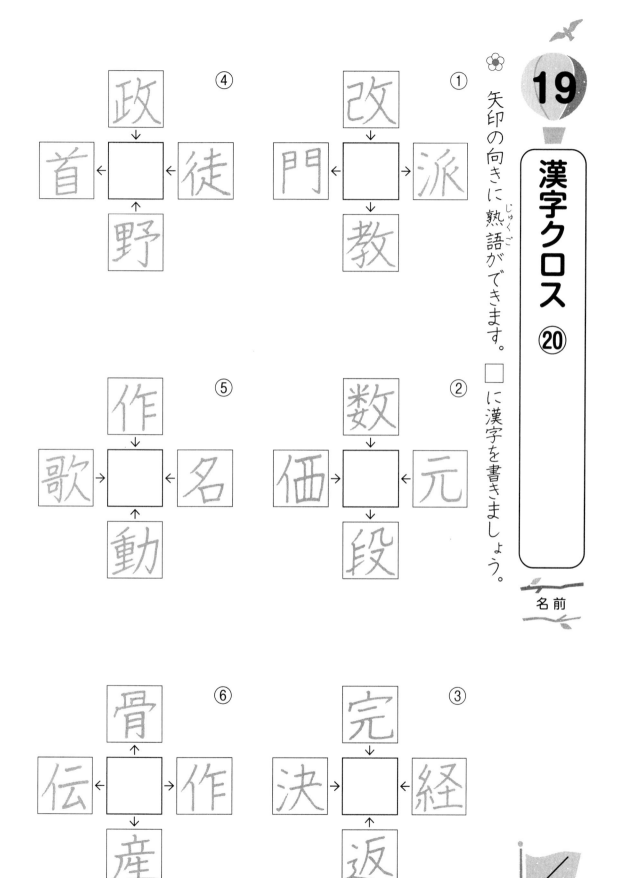

20 熟語づくり ①

名前

二つの漢字を組み合わせて、熟語《じゅくご》をつくりましょう。

① □《もく》視《し》　視《し》□《かい》

② 砂《すな》□《ば》　砂《さ》□《てつ》

③ 腹《ふく》□《ぶ》　□《ちゅう》腹《ふく》

④ □《かい》段《だん》　段《だん》□《らく》

⑤ 並《なみ》□《き》　並《へい》□《れつ》

⑥ □《い》降《こう》　降《こう》□《う》

⑦ □《しょう》認《にん》　認《にん》□《てい》

⑧ 洗《せん》□《めん》　洗《せん》□《がん》

⑨ 異《い》□《ぶつ》　異《い》□《ぎ》

⑩ 背《はい》□《けい》　背《はい》□《ご》

⑪ □《はん》射《しゃ》　□《はっ》射《しゃ》

⑫ □《たん》純《じゅん》　純《じゅん》□《しん》

20 熟語づくり②

名前

二つの漢字を組み合わせて、熟語《じゅくご》をつくりましょう。

① □《おん》泉《せん》　□《こう》泉《せん》

② □《さん》乱《らん》　乱《らん》□《せん》

③ □《りゅう》域《いき》　□《りょう》域《いき》

④ 訪《ほう》□《もん》　□《らい》訪《ほう》

⑤ 展《てん》□《じ》　□《はっ》展《てん》

⑥ □《しょ》蔵《ぞう》　蔵《ぞう》□《しょ》

⑦ 我《が》□《りゅう》　□《じ》我《が》

⑧ □《でん》承《しょう》　承《しょう》□《ち》

⑨ 蒸《じょう》□《き》　蒸《じょう》□《はつ》

⑩ 干《かん》□《まん》　干《かん》□《ちょう》

⑪ 就《しゅう》□《しょく》　就《しゅう》□《にん》

⑫ □《たい》処《しょ》　処《しょ》□《り》

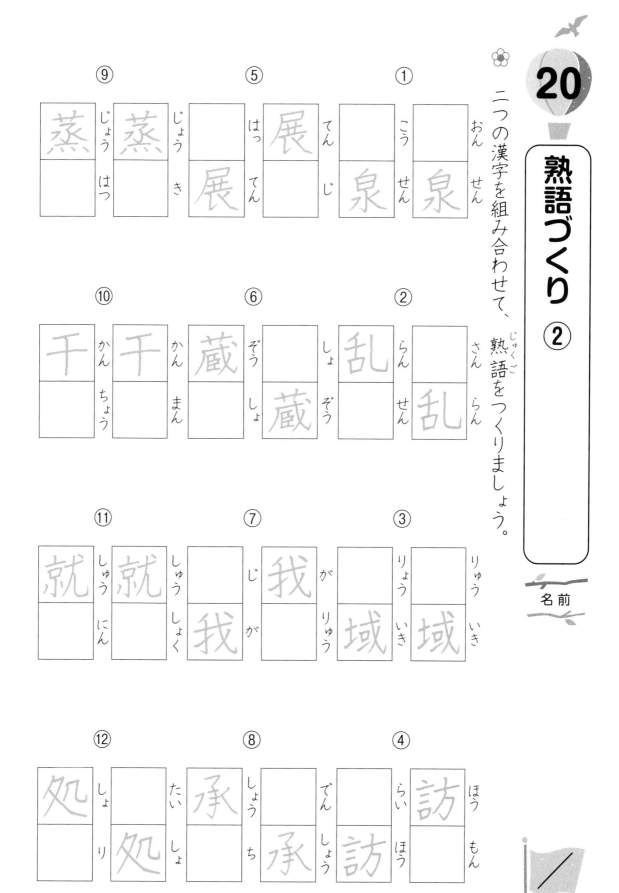

20 熟語づくり ③

名前

二つの漢字を組み合わせて、熟語《じゅくご》をつくりましょう。

① □《ち》層《そう》　□《こう》層《そう》

② 恩《おん》□《じん》　恩《おん》□《じょう》

③ 裁《さい》□《ばん》　□《どく》裁《さい》

④ □《き》律《りつ》　□《ほう》律《りつ》

⑤ □《ず》脳《のう》　□《しゅ》脳《のう》

⑥ □《しん》臓《ぞう》　臓《ぞう》□《き》

⑦ 肺《はい》□《びょう》　□《しん》肺《ぱい》

⑧ 胃《い》□《ちょう》　胃《い》□《ぐすり》

⑨ 映《えい》□《ぞう》　映《えい》□《が》

⑩ 幕《ばく》□《ふ》　□《かい》幕《まく》

⑪ 補《ほ》□《きょう》　□《こう》補《ほ》

⑫ 裏《うら》□《がわ》　裏《うら》□《め》

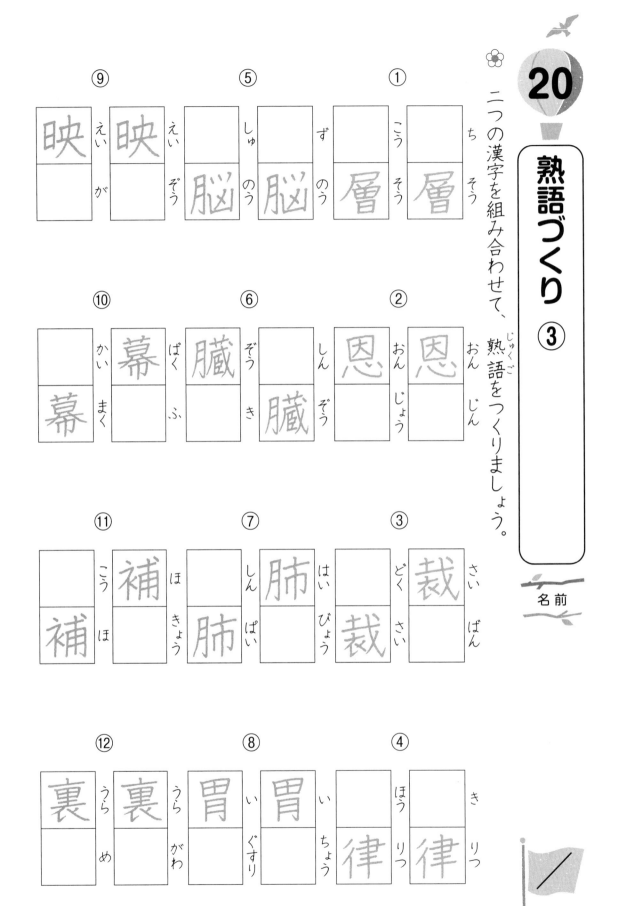

20 熟語づくり ④

名前

二つの漢字を組み合わせて、熟語《じゅくご》をつくりましょう。

① 沿《えん》□《せん》　沿《えん》□《がん》

② 私《し》□《ご》　私《わたくし》□《ごと》

③ 密《みっ》□《せつ》　□《せい》密《みつ》

④ 呼《こ》□《きゅう》　□《てん》呼《こ》

⑤ 吸《きゅう》□《しゅう》　吸《きゅう》□《いん》

⑥ □《ほ》存《ぞん》　存《そん》□《ざい》

⑦ □《じ》刻《こく》　□《いっ》刻《こく》

⑧ □《かん》激《げき》　激《げき》□《どう》

⑨ 簡《かん》□《けつ》　簡《かん》□《たん》

⑩ □《さい》難《なん》　難《なん》□《もん》

⑪ 疑《ぎ》□《もん》　□《しつ》疑《ぎ》

⑫ 幼《よう》□《ちゅう》　幼《よう》□《じ》

20 熟語づくり ⑤

名前

二つの漢字を組み合わせて、熟語《じゅくご》をつくりましょう。

①	ぎゅう にゅう	□乳	にゅう じ	乳□
②	そん けい	□敬	けい ご	敬□
③	そう ぎょう	創□	そう さく	創□
④	かた めん	片□	かた みち	片□
⑤	たん けん	探□	たん きゅう	探□
⑥	じょ がい	除□	じょ きょ	除□
⑦	ご かい	誤□	ご じ	誤□
⑧	せい ざ	星座	ざ せき	座□
⑨	しょう けん	□券	はっ けん	□券
⑩	けい び	警□	けい こく	警□
⑪	りゅう は	□派	りっ ぱ	□派
⑫	こ しょう	□障	し しょう	□障

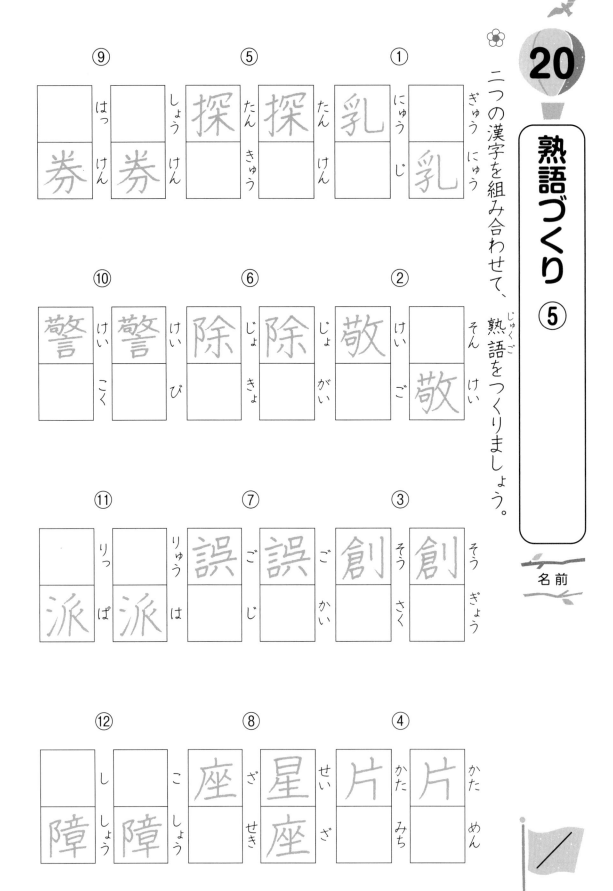

20 熟語づくり⑥

名前

二つの漢字を組み合わせて、熟語《じゅくご》をつくりましょう。

① 厳《げん》□《きん》　厳《げん》□《しゅ》

② 装《そう》□《ち》　□《ふく》装《そう》

③ 推《すい》□《そく》　推《すい》□《り》

④ 姿《し》□《せい》　□《よう》姿《し》

⑤ 勤《きん》□《む》　勤《きん》□《べん》

⑥ 熟《じゅく》□《ご》　熟《じゅく》□《こう》

⑦ 潮《ちょう》□《りゅう》　□《ふう》潮《ちょう》

⑧ 樹《じゅ》□《もく》　□《か》樹《じゅ》

⑨ □《やく》割《わり》　割《わり》□《あい》

⑩ 垂《すい》□《ちょく》　垂《すい》□《せん》

⑪ 胸《きょう》□《い》　□《ど》胸《きょう》

⑫ □《てっ》骨《こつ》　骨《こっ》□《せつ》

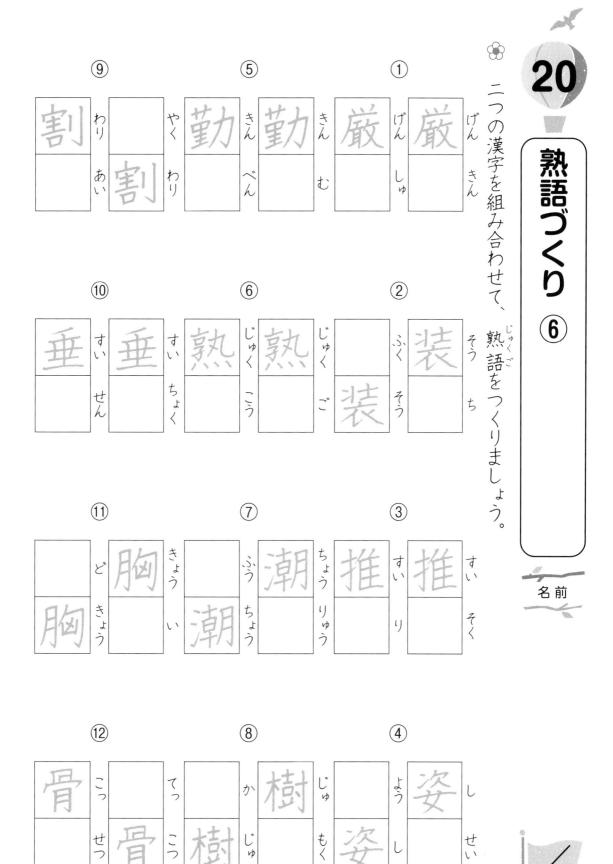

20 熟語づくり ⑦

名前

二つの漢字を組み合わせて、熟語《じゅくご》をつくりましょう。

① けんちょう □庁　ちょうしゃ 庁□

② きんせん □銭　せんとう 銭□

③ しょめい 署□　しょいん 署□

④ つうやく □訳　やくしゃ 訳□

⑤ たいさく □策　せいさく □策

⑥ きげん □源　げんりゅう 源□

⑦ びぼう □忘　ぼうねん 忘□

⑧ とうろん 討□　けんとう □討

⑨ ていきょう □供　きょうきゅう 供□

⑩ もよう 模□　きぼ □模

⑪ のうぜい 納□　しゅうのう □納

⑫ じゅうだん 縦□　じゅうおう 縦□

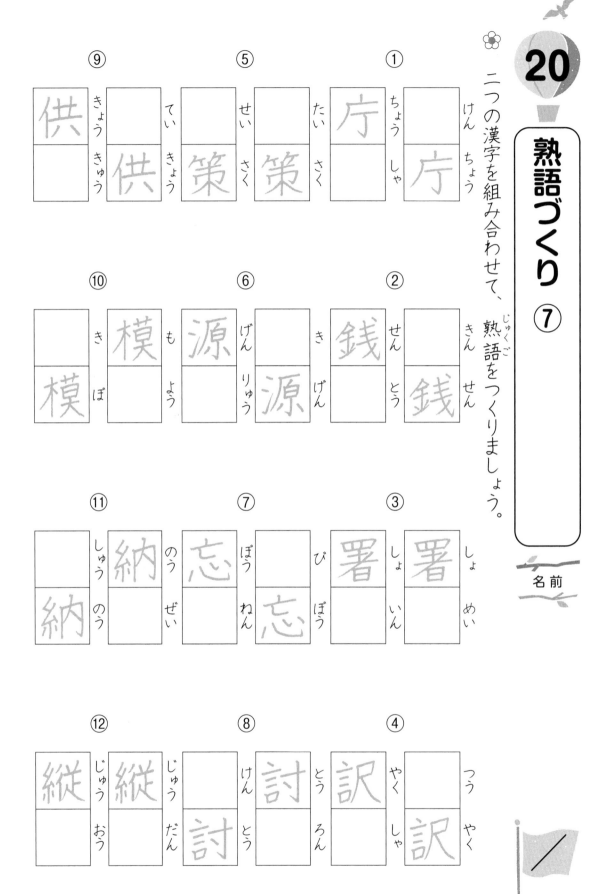

20 熟語づくり ⑧

名前

二つの漢字を組み合わせて、熟語《じゅくご》をつくりましょう。

① □《ちゅう》誠《せい》　誠《せい》□《い》

② □《てん》敵《てき》　□《しゅく》敵《てき》

③ 仁《じん》□《ぎ》　仁《じん》□《あい》

④ 系《けい》□《ず》　系《けい》□《とう》

⑤ □《どう》盟《めい》　盟《めい》□《ゆう》

⑥ 臨《りん》□《じ》　臨《りん》□《き》

⑦ 縮《しゅく》□《しょう》　□《たん》縮《しゅく》

⑧ □《てつ》棒《ぼう》　□《よこ》棒《ぼう》

⑨ 暖《だん》□《とう》　□《おん》暖《だん》

⑩ □《し》揮《き》　揮《き》□《はつ》

⑪ □《ず》痛《つう》　痛《つう》□《かい》

⑫ 批《ひ》□《ひょう》　批《ひ》□《はん》

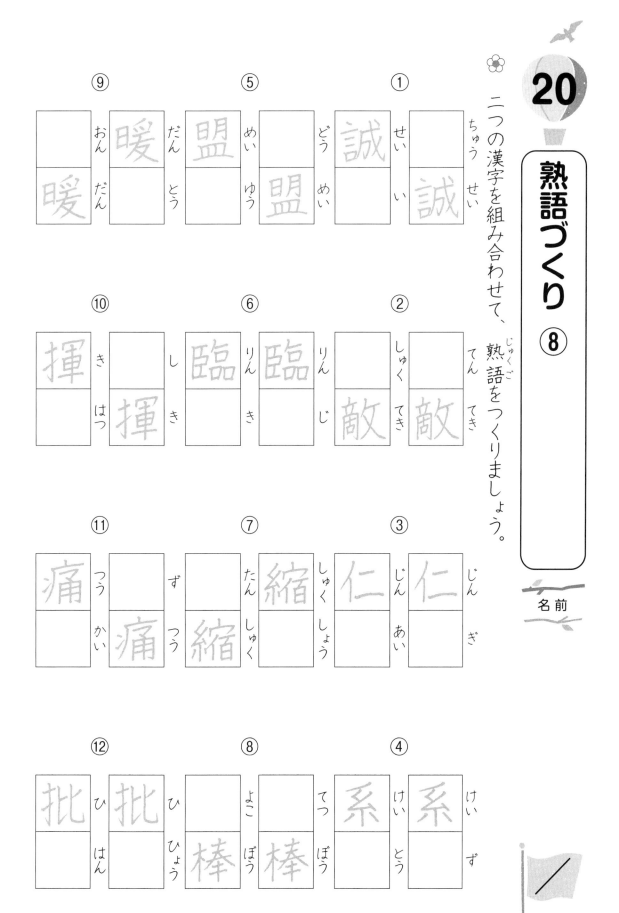

20 熟語づくり ⑨

名前

二つの漢字を組み合わせて、熟語《じゅくご》をつくりましょう。

① □《じゅう》傷《しょう》　傷《しょう》□《しん》

② 劇《げき》□《じょう》　劇《げき》□《てき》

③ 遺《い》□《しょ》　遺《い》□《さん》

④ 班《はん》□《いん》　班《はん》□《ちょう》

⑤ 危《き》□《けん》　危《き》□《き》

⑥ 優《ゆう》□《たい》　優《ゆう》□《しょう》

⑦ 否《ひ》□《てい》　□《あん》否《ぴ》

⑧ 至《し》□《きゅう》　至《し》□《ふく》

⑨ 糖《とう》□《ぶん》　□《さ》糖《とう》

⑩ □《じゅう》宅《たく》　□《き》宅《たく》

⑪ 巻《かん》□《とう》　□《ぜん》巻《かん》

⑫ 貴《き》□《ちょう》　貴《き》□《ぞく》

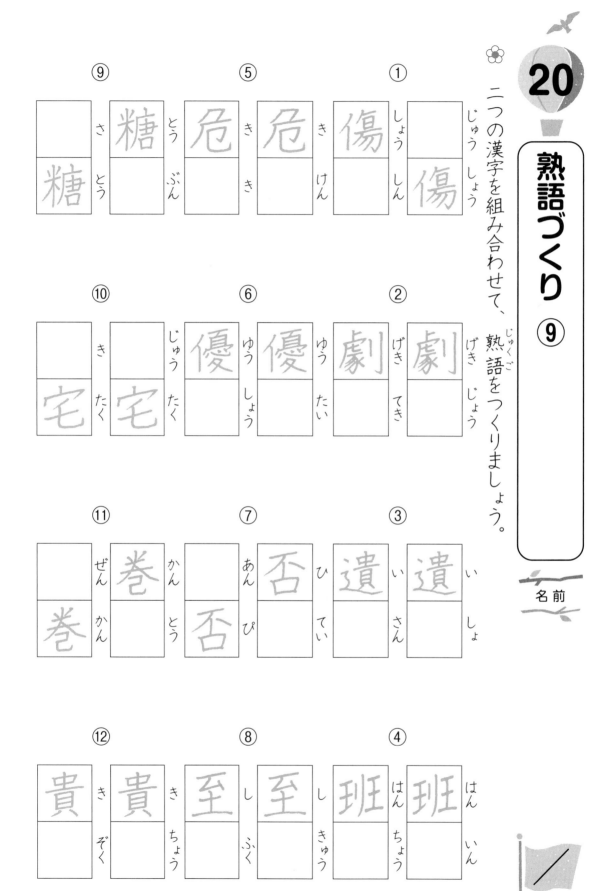

20 熟語づくり ⑩

名前

二つの漢字を組み合わせて、熟語《じゅくご》をつくりましょう。

① 著《ちょ》□《しゃ》　著《ちょ》□《さく》

② □《しゅ》権《けん》　権《けん》□《りょく》

③ 尊《そん》□《ちょう》　尊《そん》□《けい》

④ □《ぶん》担《たん》　担《たん》□《とう》

⑤ 秘《ひ》□《みつ》　□《しん》秘《ぴ》

⑥ 従《じゅう》□《らい》　従《じゅう》□《じゅん》

⑦ □《がっ》奏《そう》　□《えん》奏《そう》

⑧ 郵《ゆう》□《びん》　郵《ゆう》□《そう》

⑨ 拡《かく》□《だい》　拡《かく》□《ちょう》

⑩ 操《そう》□《さ》　□《たい》操《そう》

⑪ □《さん》拝《ぱい》　拝《はい》□《けん》

⑫ 聖《せい》□《じゃ》　□《しん》聖《せい》

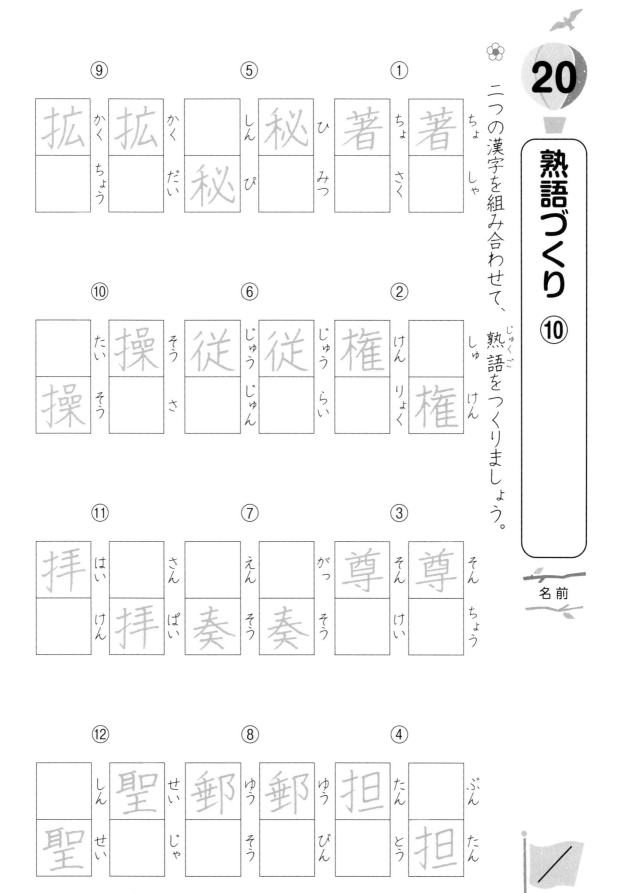

20 熟語づくり ⑪

名前

二つの漢字を組み合わせて、熟語《じゅくご》をつくりましょう。

①
- や ちん　□賃
- ちん たい　賃□

②
- かい らん　□覧
- いち らん　□覧

③
- てっ こう　□鋼
- こう ざい　鋼□

④
- まき じゃく　□尺
- いっ しゃく　□尺

⑤
- かん びょう　看□
- かん ばん　看□

⑥
- し ぼう　□亡
- ぼう めい　亡□

⑦
- ほう せき　宝□
- こく ほう　□宝

⑧
- たい じょう　退□
- こう たい　□退

⑨
- ろう ほう　朗□
- ろう どく　朗□

⑩
- よっ きゅう　欲□
- い よく　□欲

⑪
- せい たん　□誕
- たん じょう　誕□

⑫
- ご こく　□穀
- こく もつ　穀□

20 熟語づくり ⑫

名前

二つの漢字を組み合わせて、熟語《じゅくご》をつくりましょう。

①
□《こ》郷《きょう》
郷《きょう》□《り》

②
□《かん》衆《しゅう》
□《ぐん》衆《しゅう》

③
磁《じ》□《しゃく》
磁《じ》□《りょく》

④
皇《こう》□《しつ》
皇《こう》□《ごう》

⑤
革《かく》□《めい》
□《かい》革《かく》

⑥
□《ない》閣《かく》
閣《かく》□《ぎ》

⑦
宣《せん》□《げん》
宣《せん》□《でん》

⑧
将《しょう》□《らい》
将《しょう》□《ぐん》

⑨
憲《けん》□《ぽう》
憲《けん》□《しょう》

⑩
□《ほう》針《しん》
□《びょう》針《しん》

⑪
□《こう》奮《ふん》
奮《ふん》□《ぱつ》

⑫
□《けい》済《ざい》
□《きゅう》済《さい》

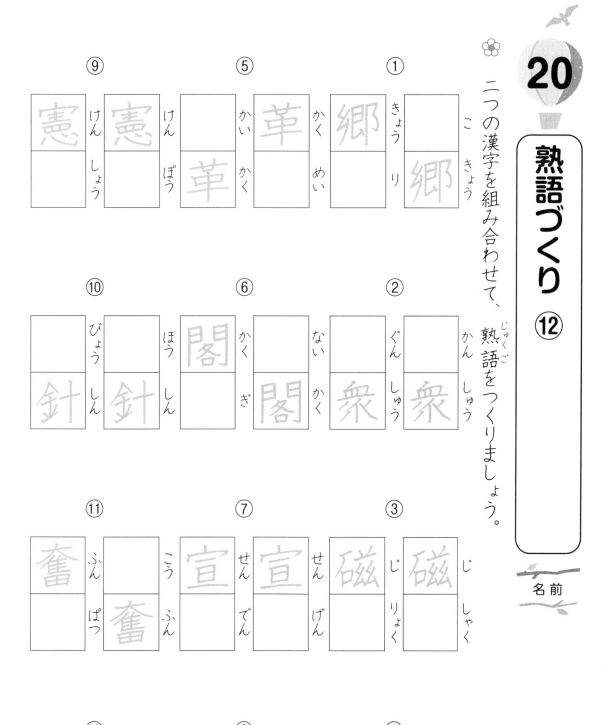

21 ローマ字で書こう ①

名前

❀ ローマ字で書きましょう。

① 北海道 ほっかいどう

② 青森 あおもり

③ 岩手 いわて

④ 宮城 みやぎ

⑤ 秋田 あきた

⑥ 山形 やまがた

⑦ 福島 ふくしま

⑧ 茨城 いばらき

⑨ 栃木 とちぎ

⑩ 群馬 ぐんま

⑪ 埼玉 さいたま

⑫ 千葉 ちば

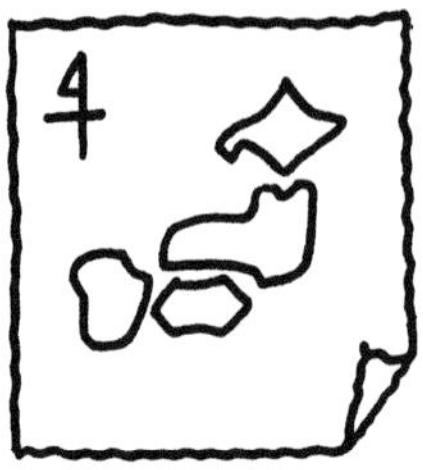

21 ローマ字で書こう ②

名前

❀ ローマ字で書きましょう。

① 東京《とうきょう》

② 神奈川《かながわ》

③ 新潟《にいがた》

④ 富山《とやま》

⑤ 石川《いしかわ》

⑥ 福井《ふくい》

⑦ 山梨《やまなし》

⑧ 長野《ながの》

⑨ 岐阜《ぎふ》

⑩ 静岡《しずおか》

⑪ 愛知《あいち》

⑫ 三重《みえ》

21

ローマ字で書こう ③

名前

❀ ローマ字で書きましょう。

① 滋賀　しが

② 京都　きょうと

③ 大阪　おおさか

④ 兵庫　ひょうご

⑤ 奈良　なら

⑥ 和歌山　わかやま

⑦ 鳥取　とっとり

⑧ 島根　しまね

⑨ 岡山　おかやま

⑩ 広島　ひろしま

⑪ 山口　やまぐち

⑫ 徳島　とくしま

21

ローマ字で書こう ④

名前

❀ ローマ字で書きましょう。

① 香川　かがわ

② 愛媛　えひめ

③ 高知　こうち

④ 福岡　ふくおか

⑤ 佐賀　さが

⑥ 長崎　ながさき

⑦ 熊本　くまもと

⑧ 大分　おおいた

⑨ 宮崎　みやざき

⑩ 鹿児島　かごしま

⑪ 沖縄　おきなわ

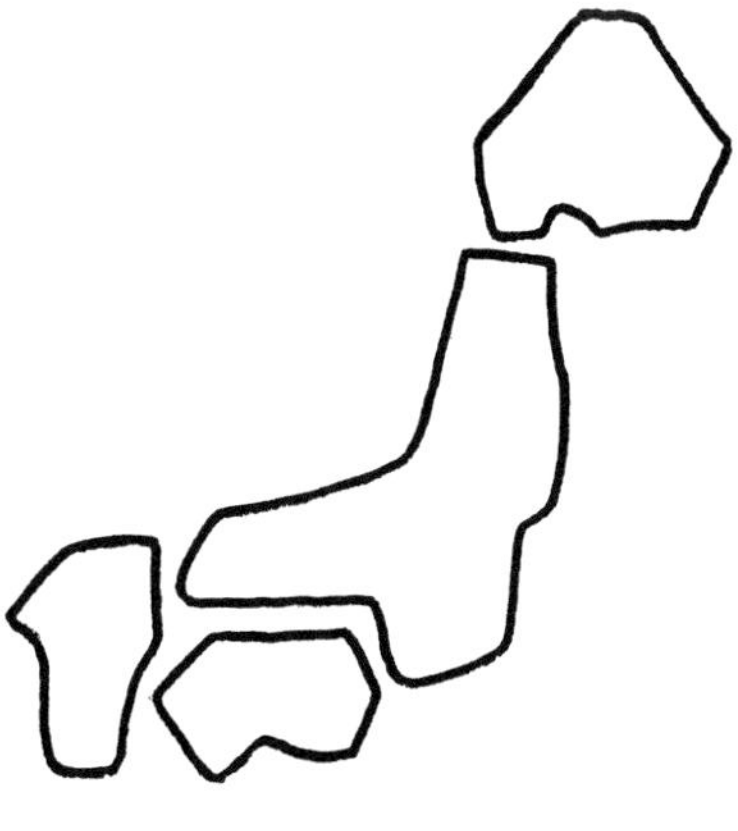

22 二十四節気 ①

名前

二十四節気の意味を線で結びましょう。

① 立春《りっしゅん》 二月四日ころ

② 雨水《うすい》 二月十九日ころ

③ 啓蟄《けいちつ》 三月五日ころ

④ 立夏《りっか》 五月五日ころ

⑤ 小満《しょうまん》 五月二十一日ころ

⑥ 芒種《ぼうしゅ》 六月五日ころ

㋐ 冬ごもりしていた地中の虫がはい出てくる。

㋑ 寒さもとうげをこえ、春の気配が感じられる。

㋒ 陽気がよくなり、雪や氷がとけて水になり、雪が雨に変わる。

㋓ すべてのものがしだいにのびて天地に満ちはじめる。

㋔ 夏の気配が感じられる。

㋕ いねや麦などの穀物《こくもつ》の先に毛があるものを植える。

22 二十四節気 ②

名前

✿ 二十四節気の意味を線で結びましょう。

① 立秋《りっしゅう》　八月七日ころ　・

② 処暑《しょしょ》　八月二十三日ころ　・

③ 白露《はくろ》　九月七日ころ　・

④ 立冬《りっとう》　十一月七日ころ　・

⑤ 小雪《しょうせつ》　十一月二十二日ころ　・

⑥ 大雪《たいせつ》　十二月七日ころ　・

・　㋐ 暑さがおさまるころ。

・　㋑ 冬の気配が感じられる。

・　㋒ しらつゆが草に宿る。

・　㋓ 秋の気配が感じられる。

・　㋔ 雪がいよいよ降《ふ》り積《つ》もってくる。

・　㋕ 寒くなって雨が雪になる。

23 からだ慣用句 ①

名前

□の中から漢字を選んであてはめて、慣用句を完成させましょう。

① □が広い

② □が高い

③ □が重い

④ □が高い

⑤ □をつぶす

⑥ □をはさむ

⑦ □を冷やす

⑧ □がない

⑨ □から火が出る

⑩ □が上がらない

⑪ □にあまる

⑫ □を割《わ》る

目　頭　口　顔

23 からだ慣用句 ②

名前

□の中から漢字を選んであてはめて、慣用句を完成させましょう。

① □が黒い

② □が回らない

③ □がすく

④ □であしらう

⑤ □を貸す

⑥ □を割《わ》る

⑦ □が飛ぶ

⑧ □にかける

⑨ □に刻《きざ》む

⑩ □を長くする

⑪ □をさぐる

⑫ □が高い

鼻　胸《むね》　腹《はら》　首

23 からだ慣用句 ③

名前

□の中から漢字を選び、あてはめて、慣用句を完成させましょう。

① □をこまねく

② □を切る

③ □をゆるめる

④ □に負えない

⑤ □を洗う

⑥ □が重い

⑦ □が地に着かない

⑧ □がとどく

⑨ □を打つ

⑩ □が棒《ぼう》になる

⑪ □元を見る

⑫ □が出る

手　足

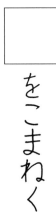

23 からだ慣用句 ④

名前

❀ □の中から漢字を選び、あてはめて、慣用句を完成させましょう。

① □を折る

② □をくいしばる

③ □が痛《いた》い

④ □をかかえる

⑤ 身をけずる

⑥ 八分目

⑦ □にたこができる

⑧ □をうずめる

⑨ □をそろえる

⑩ □を決める

⑪ □が立たない

⑫ □がうく

骨《ほね》　耳　歯　腹《はら》

24

まちがい探《さが》し ①

名前

ちがっているところが七つあります。ちがいを説明しましょう。

右　　左

① 一つ目は、上の星の数がちがうところです。

② 二つ目は、ところです。

③ 三つ目は、ところです。

④ 四つ目は、ところです。

⑤ 五つ目は、ところです。

⑥ 六つ目は、ところです。

⑦ 七つ目は、ところです。

24 まちがい探《さが》し ②

名前

ちがっているところが七つあります。ちがいを説明しましょう。

左　右

①　一つ目は、右上の鳥のしっぽの色がちがう ところです。

②　二つ目は、 ところです。

③　三つ目は、 ところです。

④　四つ目は、 ところです。

⑤　五つ目は、 ところです。

⑥　六つ目は、 ところです。

⑦　七つ目は、 ところです。

25

三場面物語作文 ①

名前

図を見て、お話をつくりましょう。

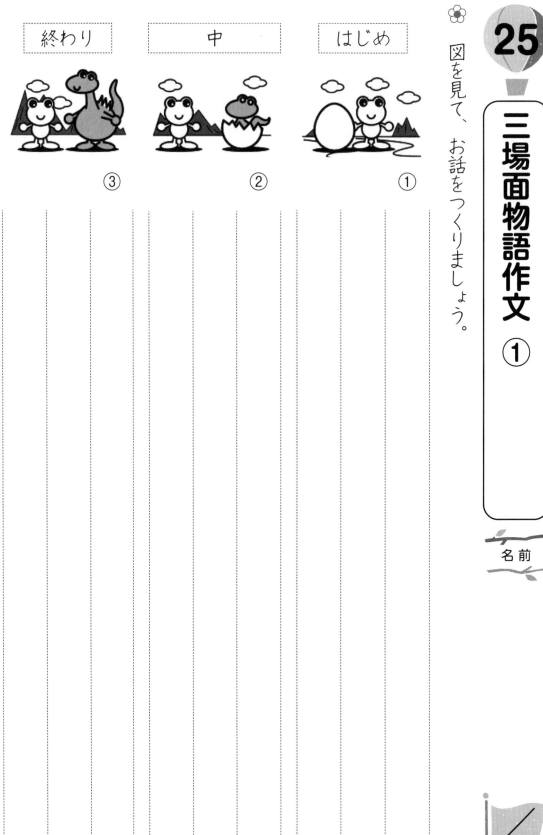

はじめ

①

中

②

終わり

③

25

三場面物語作文 ②

名前

図を見て、お話をつくりましょう。

はじめ

①

中

②

終わり

③

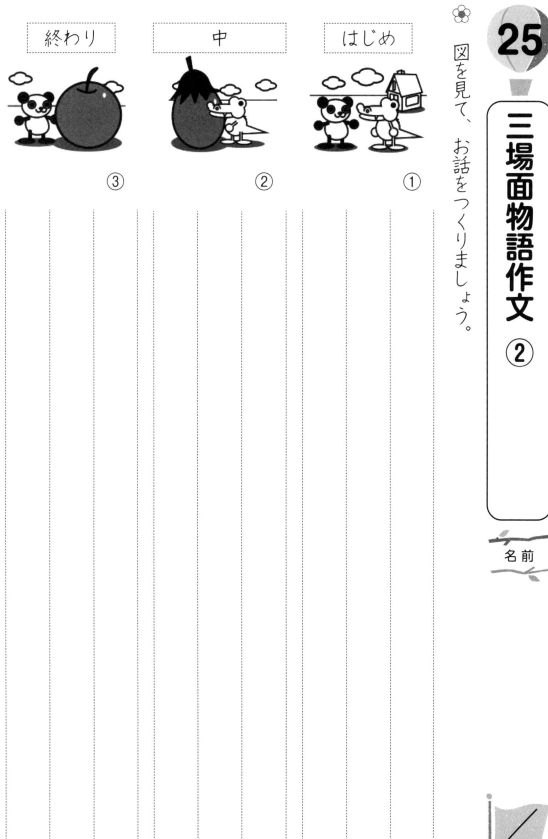

26 組み合わせ短歌 ①

名前

左の言葉から選んだり、言葉をつけ加えたりして短歌をつくりましょう。（五七五七七）

たのしみは
すきなもの
できるなら
かなうなら
いきたいな
たべたいな
みてみたい
うれしいな

かぞくみんなで
あたたかいくに
うみのむこうの
ぜんぶのくにを
ゆめからさめて
じかんがたてば
だれもしらない
できるかぎりの

ともだちと
ぜんいんで
せかいじゅう
ひこうきで
じてんしゃで
ひとりきり
おもいきり
すきなだけ

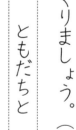

26 組み合わせ短歌 ②

名前

左の言葉から選んだり、言葉をつけ加えたりして短歌をつくりましょう。（五七五七七）

ことしこそ
こんどこそ
このつぎは
らいげつの
あさおきて
ねるまえに
こんばんは
かえったら

ゆめにむかって
みらいにむけて
かぞくのために
チームのために
すすんでいこう
いどんでいこう
がんばりとおす
ができるように

ゆっくりと
のんびりと
もういちど
さいごまで
マイペース
コツコツと
とりくもう
あきらめず

27 季語から俳句 ①

名前

五音の季語を組み合わせて、春と夏の俳《はい》句《く》をつくりましょう。（五七五）

	上五	中七	下五
①			
②			
③			
④			

ヒント春の句

はるのそら	ふきのとう	はるのつき	なのはなばたけ	もものせっくと	はなみのうたげ
ひなまつり	しおひがり	はるのかぜ	もんしろちょうと	はるのえんそく	かぜさわやかに
さくらもち	つばめとぶ	うららかさ	テントウムシも	にゅうがくしきと	かわのほとりの
やえざくら	うめのはな	はなぐもり	かえるのこども	かぜあたたかく	はなびらがまう

ヒント夏の句

なつのそら	あまのかわ	ながれぼし	ひまわりばたけ	アイスクリーム	アジサイのはな
うみびらき	なつやすみ	すいかわり	はなびたいかい	ゆうだちあがり	にゅうどうぐもの
せんぷうき	かきごおり	にじかかる	かとりせんこう	むぎわらぼうし	なつやまのぼる
あぶらぜみ	かぶとむし	みずのおと	うちわかたてに	プールとびこむ	うなどんたべる

27 季語から俳句 ②

名前

五音の季語を組み合わせて、秋と冬の俳句《はいく》をつくりましょう。（五七五）

	上五	中七	下五
①			
②			
③			
④			

ヒント秋の句				ヒント冬の句			
もみじまう	きのこがり	あきまつり	かれはおち	おおみそか	じょやのかね	ふゆやすみ	プレゼント
めいげつや	くりひろい	いわしぐも	わたりどり	ゆきがっせん	おおそうじ	おりおんざ	おとしだま
あかとんぼ	はるのかぜ	ひがんばな	てんたかく	クリスマス	ゆきおろし	としのくれ	そりあそび
あきのなくさ	コスモスがさく	こうようすすむ	もみじのにしき	サンタクロース	かれはでたきび	こたつにあたり	おぞうにたべた
じゅうごやのつき	つきみだんごの	こがらしがふく	あきぞらたかく	クリスマスイブ	スイセンのはな	みぞれまじりの	おもちをやきやき
うんどうかいに	みぞれまじりの	ふえとたいこと	ゆうやけこやけ	こなゆきがまう	サザンカのはな	こがらしふいて	としこしそばと

28

作文ウォーミングアップ ①

名前

書き出しに続けて、文を書きましょう。

①

いきなり夕立が降《ふ》りだしたので、急いで

②

「あ、電車に忘《わす》れた！」急いで車内にもどろうとしたが、

③

夜中に窓《まど》の外からコツコツ…とガラスをたたく音がする。思い切ってカーテンを開くと、

28 作文ウォーミングアップ ②

名前

書き出しに続けて、文を書きましょう。

① 目の前に大きな光の玉が現れた。なんとその中から、

② 森の中でま法使いの老人に出会い、「なんの用か？」と話しかけられたので、

③ ほら穴《あな》を進むと、大きなドラゴンが現れ、火をふきかけられたが、

29 エピソード作文①

名前

❀ いつ、どこ、だれと、なにをした、なにを感じたかをまとめ、伝えましょう。

□ いつ？　□ どこで？　□ だれと？　□ なにを？

□ どうした？　□ そのあとは？　□ よかったこと？　□ 感じたこと？

×

20　40　60　80　100　120　140　160

29 エピソード作文 ②

名前

❀ いつ、どこ、だれと、なにをした、なにを感じたかをまとめ、伝えましょう。

□ どんなものが見える？ □ 何が聞こえる？ □ どんな話をしている？

×

20 40 60 80 100 120 140 160 180

30 二段落二百字作文 ①

名前

第一段落《だんらく》に結論《けつろん》や意見、第二段落にその理由や説明などを書きましょう。

×

20 40 60 80 100 120 140 160 180 200

【結論・意見】
・私《わたし》は〜と思います。
・〜は、〜と思います。
・〜は、〜と考えます。

【理由・説明】
・なぜなら〜
・というのは〜
・まず〜、そして〜だからです。

30 二段落二百字作文 ②

名前

第一段落《だんらく》に結論《けつろん》や意見、第二段落に予想される反論とそれに対する意見を書きましょう。

20 40 60 80 100 120 140 160 180 200

【結論・意見】
・私《わたし》は〜と思います。
【理由・説明】
・なぜなら〜だからです。
【反論】
・たしかに〜という考えもあります。
・しかし私は〜と思います。

31 言葉の意味 ①

名前

✿ 学習に使う言葉の意味を線で結びましょう。

① 読者 ・　・ ㋐ 物語の中で中心となる人物の見方・考え方や人物の関係が大きく変わるところ。

② 朗読《ろうどく》 ・　・ ㋑ 本や新聞、雑誌《ざっし》などを読む人のこと。

③ 山場 ・　・ ㋒ 物語作品から感じたことや考えが相手に伝わるように音読すること。

④ 話し言葉 ・　・ ㋓ 漢字をもとに、日本でつくられた文字のこと。（ひらがな・かたかな）

⑤ 書き言葉 ・　・ ㋔ 音声で表す言葉。相手や情きょうを見て使う。

⑥ かな ・　・ ㋕ 文字で表す言葉。だれが読んでもわかるように共通語で書き、内容を整えて書く。

31 言葉の意味 ②

名前

❀ 学習に使う言葉の意味を線で結びましょう。

① 意見文 ・　　・ ㋐ 自分の意見をその根きょとなる事がらを挙げながら述べる文章。

② ずい筆 ・　　・ ㋑ 一度書いた文章をよりよくするために、修正したり表現を整えたりすること。

③ 推《すい》こう ・　　・ ㋒ 一つの話題について制限を加えず、自由に意見を出し合うこと。

④ 根きょ ・　　・ ㋓ 考えのよりどころになるもの。（証こや資料。法則・理論など）

⑤ 反論《はんろん》 ・　　・ ㋔ 自分の経験や見たり聞いたりしたことを題材に、自分の感想や考えをまとめたもの。

⑥ ブレーンストーミング ・　　・ ㋕ 相手の意見に対して反対・異議《いぎ》を述べること。

32 反論しよう ①

名前

お題の立場で、反対意見に対する反論《はんろん》を考えて書きましょう。

① 「運動会は春より秋のほうがよい」という立場で反論する。

たしかに春の運動会は暖《あたた》かく、気候もよいかもしれない。
しかし秋という季節は、

② 「宿題はなくてもよい」という立場で反論する。

たしかに宿題があった方が、学習の習慣がつくりやすい。
しかし宿題があれば、

・まず反対意見を受け止めて、反論する譲歩《じょうほ》構文です。

32 反論しよう ②

名前

お題の立場で、反対意見に対する反論《はんろん》を考えて書きましょう。

①

「チャイムは不必要である」という立場で反論する。

たしかにチャイムがあれば、行動の目安になる。

しかしチャイムがあれば、

②

「秋休みは必要である」という立場で反論する。

たしかに秋休みがあれば、冬休みとの間が短くなる。

しかし秋休みがあれば、

33 よく出題される漢字 ①

名前

次の漢字を書きましょう。

① かさねる

② きょうりょく

③ せきにん

④ そうだん

⑤ みちびく

⑥ (魚を) やく

⑦ いきおい

⑧ おうふく

⑨ しょうち

⑩ なげる

⑪ ほご

⑫ よぼう

⑬ (場所を) うつる

⑭ こんざつ

⑮ かいしゅう

⑯ さんせい

33 よく出題される漢字②

名前

次の漢字を書きましょう。

① うめ

② えんぎ

③ おんど

④ はぶく

⑤ ひじょう

⑥ いしゃ

⑦ けんちく

⑧ たいよう

⑨ どくりつ

⑩ ぬの

⑪ ゆるす

⑫ （整理）けん

⑬ さいしゅう（取ること）

⑭ しそん

⑮ ていしゃ

⑯ もうける

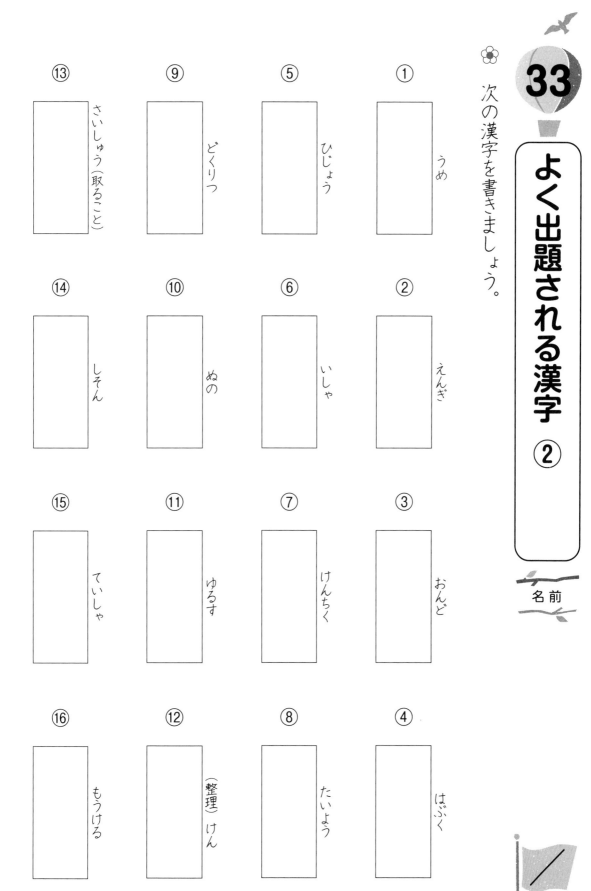

33 よく出題される漢字 ③

名前

✿ 次の漢字を書きましょう。

① したしい

② たね

③ ちょきん

④ (あこがれの) たいしょう

⑤ きぼう

⑥ (物を) おく

⑦ (約束の) きげん

⑧ じむしつ

⑨ しじ (をあたえる)

⑩ せいぞう

⑪ せつび

⑫ しょうどく

⑬ かんり

⑭ せっきょくてき

⑮ かぎる

⑯ かんしん (がある)

33 よく出題される漢字 ④

名前

／

❀ 次の漢字を書きましょう。

① けんさ

② こうせき（をたたえる）

③ ふくざつ

④ あずける

⑤ いとなむ

⑥ きずく

⑦ ささえる

⑧ しりぞく

⑨ すごす

⑩ たえる

⑪ たがやす

⑫ ひきいる

⑬ ことわる

⑭ よせる

⑮ ようい（かんたん）

⑯ （早起きの）しゅうかん

34

5年までの漢字 ①

名前

次の漢字を書きましょう。

① もじ

② ごねん

③ はやみみ

④ めいげつ

⑤ ちゅうりつ

⑥ だいおう

⑦ こいぬ

⑧ ちょうそん

⑨ おがわ

⑩ ひゃくねん

⑪ すいでん

⑫ かりょく

⑬ きゅうこう

⑭ もくめ

⑮ にゅうきん

⑯ でぐち

⑰ あかがい

⑱ あおたけ

⑲ たまむし

⑳ どせき

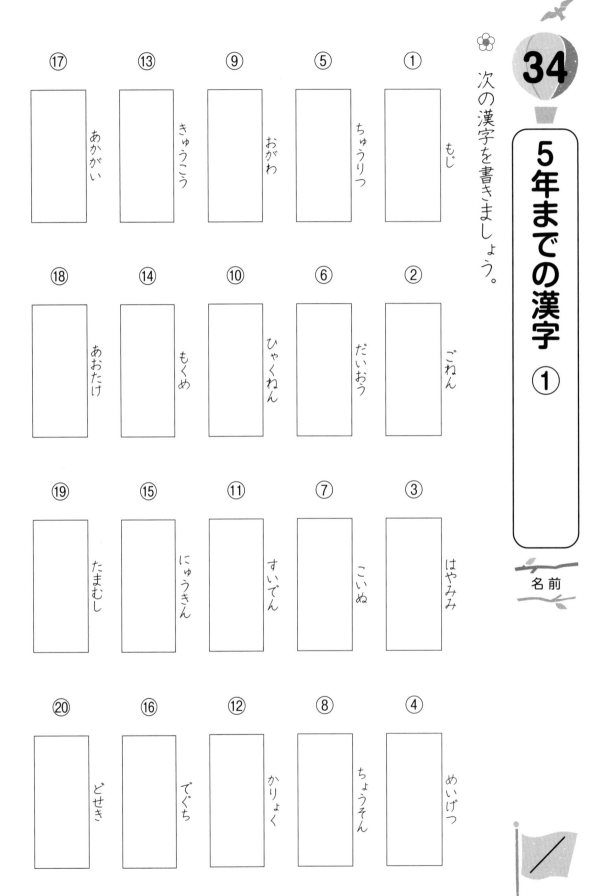

34 5年までの漢字 ②

名前

✿ 次の漢字を書きましょう。

① どくしょ
② せいてん
③ かいしゃ
④ ぜんご
⑤ どうすう
⑥ ふぼ
⑦ ようび
⑧ しんぶん
⑨ ほこう
⑩ きょうしつ
⑪ あねいもうと
⑫ きょうだい
⑬ かいわ
⑭ にっき
⑮ ぎょにく
⑯ こうせん
⑰ くろげ
⑱ けいか
⑲ きいろ
⑳ たしょう

34 5年までの漢字 ③

名前

次の漢字を書きましょう。

① ひるま

② こくご

③ こうさく

④ しょうねん

⑤ うたごころ

⑥ さんすう

⑦ ゆきぐも

⑧ しゅうばん

⑨ がったい

⑩ えんきん

⑪ （問題の）せいとう

⑫ おんがく

⑬ うもう

⑭ とうきょう

⑮ あしくび

⑯ （選手）こうたい

⑰ どうじょう

⑱ けらい

⑲ こうえん

⑳ こまい（古い米）

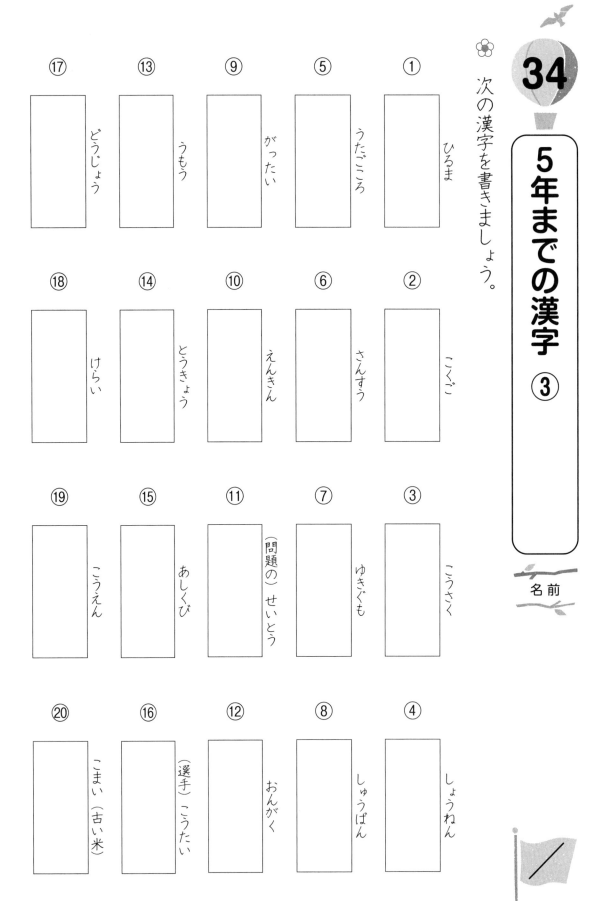

34 5年までの漢字④

名前

次の漢字を書きましょう。

① とんや
② しょうわ
③ にもつ
④ しゅご
⑤ だいひょう
⑥ でんりゅう
⑦ ようす
⑧ きごう
⑨ おうどう
⑩ たいめん
⑪ ぶんしょう
⑫ しんくう
⑬ ひょうし
⑭ しょくじ
⑮ しんちょう
⑯ はつめい
⑰ もんだい
⑱ かんじ（文字）
⑲ いえじ
⑳ じどう（ドア）

／

34

5年までの漢字 ⑤

名前

／

次の漢字を書きましょう。

① せいしつ

② すみび

③ くんしゅ

④ さぎょう

⑤ ようふく

⑥ はいたつ

⑦ ゆうめい

⑧ よてい

⑨ じさん

⑩ きゃくせん

⑪ さかみち

⑫ へや

⑬ びょうどう

⑭ にかい

⑮ こんき（気持ち）

⑯ べんきょう

⑰ まちあい

⑱ しゅっこう（港から船が出る）

⑲ いぜん

⑳ よしゅう

34 5年までの漢字 ⑥

名前

✿ 次の漢字を書きましょう。

① どうわ

② かんき

③ せかい

④ ほんしゅう

⑤ いんしょく

⑥ かぞく

⑦ いしゃ

⑧ ぎょうれつ

⑨ じつりょく

⑩ のうか

⑪ けんきゅう

⑫ ようもう

⑬ しか（歯医者）

⑭ ゆげ

⑮ たいいく

⑯ きんこ

⑰ ちゅうおう

⑱ けいか

⑲ やくひん

⑳ じんじゃ

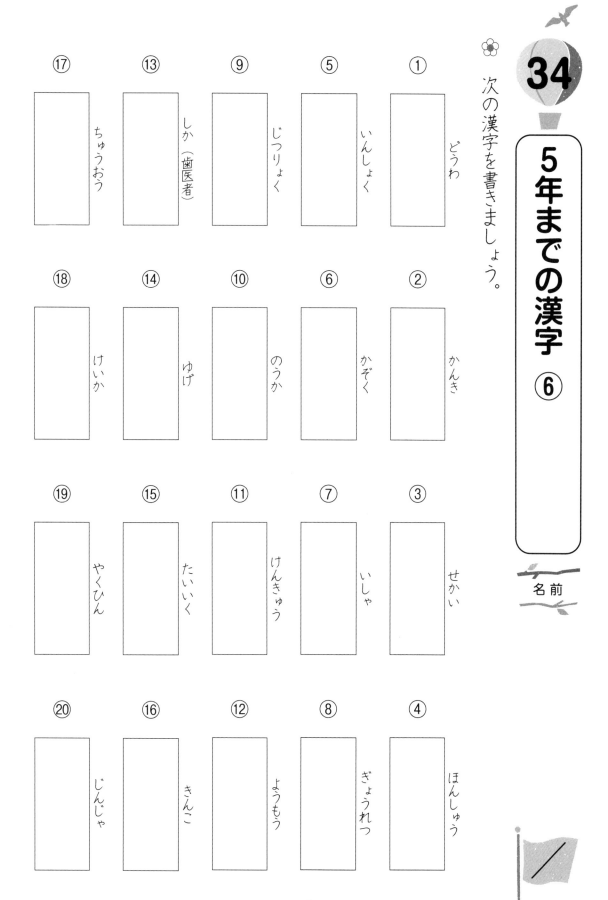

34 5年までの漢字 ⑦

名前

/

次の漢字を書きましょう。

① きょうつう

② うみべ

③ じっけん

④ かんけい

⑤ さいこう

⑥ しぜん

⑦ せんしゅ

⑧ でんせつ

⑨ しゅうけつ（集まる）

⑩ さんか

⑪ とうひょう

⑫ じさん

⑬ はつが

⑭ めいさん

⑮ やさい

⑯ がっしょう（歌う）

⑰ ひんしゅ

⑱ ぶんるい

⑲ いんさつ

⑳ ざんしょ

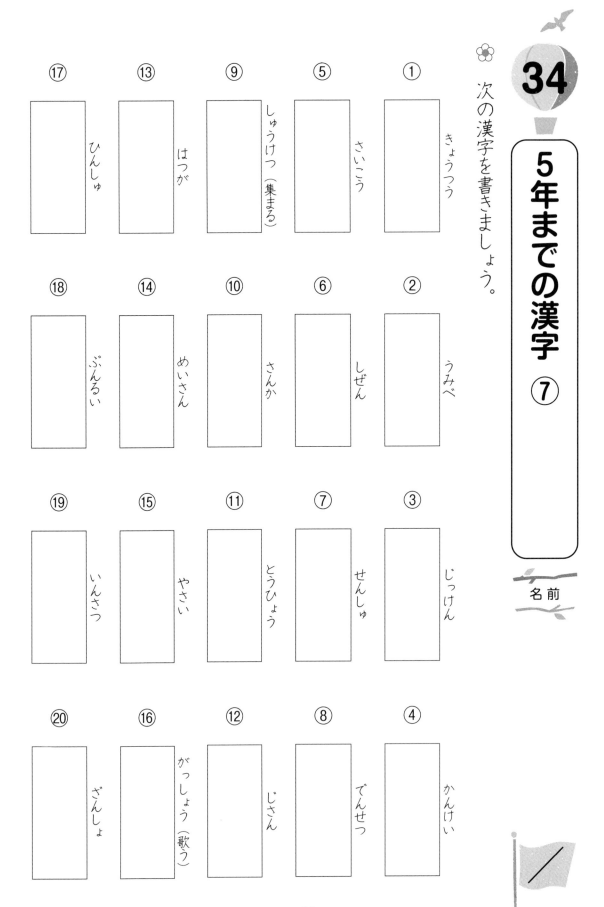

34

5年までの漢字 ⑧

名前

/

次の漢字を書きましょう。

① とくべつ
② しあい
③ みらい
④ ふうけい
⑤ さんぽ
⑥ しっぱい
⑦ ほうほう
⑧ かんさつ
⑨ きゅうきゅう
⑩ ごうれい
⑪ ゆうはん
⑫ ひょうほん
⑬ れきだい
⑭ あんない
⑮ けしき
⑯ かもつ
⑰ きゅうしょく
⑱ けつじょう
⑲ ひつよう
⑳ あいどく

34 5年までの漢字 ⑨

名前

次の漢字を書きましょう。

① さくねん
② むり
③ とほ
④ みんぞく
⑤ みぎがわ
⑥ だいじん
⑦ きぼう
⑧ せいこう
⑨ ぎょぎょう
⑩ たいりく
⑪ しそん
⑫ くろう
⑬ とうだい
⑭ こてい
⑮ ぞっこう
⑯ いふく
⑰ ちょすい
⑱ ていしゃ
⑲ はんけい
⑳ やくそく

34 5年までの漢字 ⑩

名前

／

次の漢字を書きましょう。

① （顔の）ひょうじょう

② せいじ

③ きょうみ

④ れいじょう

⑤ ぞうげん

⑥ ぎゃくさん

⑦ ないよう

⑧ しんじょう

⑨ せいしん

⑩ たいど

⑪ こうそう（を練る）

⑫ きゅうしき

⑬ たいひ

⑭ どくりつ

⑮ ていか

⑯ めんせつ

⑰ じっさい

⑱ いどう

⑲ こんごう

⑳ しゅちょう

34 5年までの漢字 ⑪

名前

／

次の漢字を書きましょう。

① ちしき

② かんしゃ

③ しつもん

④ ていあん

⑤ ばいばい

⑥ さいく

⑦ くだもの

⑧ ふくすう

⑨ かめん

⑩ ちょうさ

⑪ はんてい

⑫ ねんが

⑬ きんぞく

⑭ ひばい

⑮ ほうさく

⑯ けいりゃく

⑰ きふ

⑱ じけん

⑲ じゅんび

⑳ じゅぎょう

34 5年までの漢字 ⑫

名前

✿ 次の漢字を書きましょう。

① とっきょ
② ぎじゅつ
③ （人工）えいせい
④ こうしゃ
⑤ そしき
⑥ げんざい
⑦ はたもと
⑧ ゆうえき
⑨ ざいさん
⑩ おうふく
⑪ かこ
⑫ せいせき
⑬ ほうがん
⑭ かこう（川の入り口）
⑮ むしゃ
⑯ ちくりん
⑰ さいがい
⑱ ぞうき
⑲ せいけつ
⑳ かいが

6年生　答え

【P.4】1．思考ツール①

（解答例）

得意………算数、理科、図工、体育

どちらでも…英語、読書、作文、集団行動

苦手………音楽、家庭、発表、道徳

【P.5】1．思考ツール②

（解答例）

三分あればできる…スケジュール管理、教科書を読む、漢字の予習、
文具の整理、プリント整理

五分あればできる…音読、ノート整理、計算問題、前の時間の
復習、漢字の復習

十分あればできる…教科書予習、作文を書く、イラストをかく、
自学、読書

【P.6】2．一枚の絵から物語づくり①

（解答例）

いつの時代？………昔

どんなところ？……異世界

どんな人物？………（人）お姫様　（動物）うさぎ、かえる

どんな性格？………優しい、正義の人

何があった？………百年に一度、モンスターがおそってくる。

現状？……………ちょうど百年目。

どんな暮らしに？…戦いに勝って平和になった。

【P.7】2．一枚の絵から物語づくり②

（解答例）

① 遠い昔

② この世に光をもたらすウサギ

③ 仲良しのカエル

④ この世に光が降りそそぎ、明るい世界になる。

⑤ やみの世界が続く。星の光の世界になる。

⑥ やみのドラゴンとの約束を破り、やみの世界になった。

⑦ もう一度ドラゴンと話し合う。

⑧ ドラゴンの卵を守り切り、世界に光があふれた。

【P.8】3．どんどん書き①

（解答例）

ケーキ、おせんべい、焼肉、ハンバーグ、バレーボール、
バスケットボール、犬、ウサギ　など

【P.9】3．どんどん書き②

（解答例）

宇宙飛行、バンジージャンプ、乗馬、ゲーム、世界旅行　など

【P.10】4．主語と述語①

① B　② A　③ B　④ C　⑤ A　⑥ C

⑦ A　⑧ B　⑨ C　⑩ B　⑪ A　⑫ C

【P.11】4．主語と述語②

（解答例）

(1) ① 登る　② 作る　③ すませた　④ 書いた

(2) ① 高い　② 寒い　③ あまい　④ 美しい

(3) ① 金曜だ　② 鳥だ　③ 遠足だ　④ こん虫だ

【P.12】4．主語と述語と修飾語③

① 建つ　② 行く　③ 出かけた　④ 食べる

⑤ かきが　⑥ 親子が　⑦ 遊具が　⑧ 子犬が

【P.13】4．主語と述語と修飾語④

（解答例）

① まぶしく　② とてつもなく　③ きれいな　④ 大きな

⑤ 強そうな　⑥ 不思議な　⑦ たくさんの　⑧ とても高い

【P.14】5．オノマトペ作文①

（解答例）

① 全力でにげ出した。しかし、なぞのモンスターは追いかけてくる。「どう
なってしまうんだ。」

② 坂の上から大きな岩のような固まりが次から次へと転がってきている。
「よけられるのか？」

③ 真っ暗な部屋に、何者かがとびらをたたく音がひびいた。こんな真夜中に、いったい何者が？

【P.15】5．オノマトペ作文②

〈解答例〉

① ゆかがとつぜんぬけ落ちた。「うわああ」。みんなどんどん下に落ちていった。

② 答え　省略　③ 答え　省略

【P.16】6．比ゆの表現①

〈解答例〉

① ―㋐　② ―㋔　③ ―㋒

④ ―㋑　⑤ ―㋕　⑥ ―㋓

【P.17】6．比ゆの表現②

〈解答例〉

① ―㋑　② ―㋐　③ ―㋕

④ ―㋒　⑤ ―㋓　⑥ ―㋔

【P.18】7．敬語①

尊敬語…おっしゃる、言われる／いらっしゃる／いらっしゃる、みえる／ご存じだ／めし上がる／ご覧になる／お聞きになる／お会いになる／お伝えになる

謙譲語…申し上げる／うかがう／参る／存じる／いただく／拝見する／うかがう／お目にかかる／申し伝える

【P.19】7．敬語②

(1) ① ―㋑　② ―㋐　(2) ① ―㋑　② ―㋐

(3) ① ―㋐　② ―㋑　(4) ① ―㋑　② ―㋐

【P.20】7．敬語③

(1) ① いらっしゃる（尊敬）　② うかがう（謙譲）

(2) ① ごらんになる（尊敬）　② 拝見する（謙譲）

(3) ① お会いになる（尊敬）　② お目にかかる（謙譲）

【P.21】7．敬語④

(1) ① お伝えになる（尊敬）　② 申し伝える（謙譲）

(2) ① お聞きになる（尊敬）　② うかがう（謙譲）

(3) ① いらっしゃる（尊敬）　② おる（謙譲）

【P.22】8．言葉の分類①

名詞……自動車、会社、果物、動物、国、会議、バナナ、ライオン

動詞……考える、登る、笑う、使う、買う、急ぐ、喜ぶ、かなでる

形容詞…遠い、深い、暑い、美しい、高い、強い、みずみずしい、名高い

【P.23】8．言葉の分類②

形容詞……か弱い、ほどよい、心強い、情けない、ここちよい、やるせない

形容動詞…好評だ、順調だ、優しゅうだ、さわやかだ、なかなかだ、きれいだ

副詞……たっぷり、ずっしり、がっしり、ざくざく、びっしり、どっしり

【P.24】9．文の分解①

〈例〉① 私が　絵を　かいた。

② その　絵が　金賞をとった。

(1) ① ジョンが　木を　植えた。

② その　木が　育った。

【P.25】9．文の分解②

(1) ① ベンが　遊園地を　思いえがいた。

② その　遊園地が　できあがった。

(2) ① ボブが　貯金を　毎日続けた。

② その　貯金が　百万円になった。

【P.26】10．文の合体①

〈例〉明日は／で／行き先は

① 先週は／ずっと雨／けれど／今週は／ずっと晴れ

【P.27】10．文の合体②

① 晴れなら／遠足／けれど／雨なら／読書会

② 子犬が／わが家に／けれど／子犬は／まだまだ

【P.28】11．常体と敬体①

① よう　② だ　③ だ　④ いる

⑤ だ　⑥ だ　⑦ ない

【P.29】11. 常体と敬体②

① います ② です ③ いいます ④ します
⑤ です ⑥ ません ⑦ ます

【P.30】12. 漢字の部首①

① ころもへん ―㋑ ② しめすへん ―㋐ ③ にすい ―㋔
④ のぎへん ―㋓ ⑤ こざとへん ―㋒

【P.31】12. 漢字の部首②

① しょくへん ―㋓ ② こめへん ―㋔ ③ やまいだれ ―㋒
④ おいかんむり ―㋐ ⑤ くにがまえ ―㋑

【P.32】13. 訓読み漢字①

① 並べる ② 認める ③ 洗う ④ 異なる
⑤ 乱れる ⑥ 背 ⑦ 裁く ⑧ 映す
⑨ 補う ⑩ 呼ぶ ⑪ 吸う ⑫ 刻む

【P.33】13. 訓読み漢字②

① 激しい ② 難しい ③ 源 ④ 敬う
⑤ 除く ⑥ 暮らす ⑦ 探す ⑧ 降る
⑨ 忘れる ⑩ 供える ⑪ 垂れる ⑫ 厳しい

【P.34】13. 訓読み漢字③

① 幼い ② 頂 ③ 縮む ④ 痛い
⑤ 若い ⑥ 閉じる ⑦ 危ない ⑧ 沿う
⑨ 我 ⑩ 至る ⑪ 盛る ⑫ 巻く

【P.35】13. 訓読み漢字④

① 勤める ② 尊い ③ 私 ④ 従う
⑤ 割れる ⑥ 拝む ⑦ 預ける ⑧ 届く
⑨ 困る ⑩ 染める ⑪ 退く ⑫ 延ばす

【P.36】13. 訓読み漢字⑤

① 穴 ② 砂 ③ 腹 ④ 並
⑤ 干す ⑥ 舌 ⑦ 捨てる ⑧ 裏
⑨ 窓 ⑩ 机 ⑪ 卵 ⑫ 乳

【P.37】13. 訓読み漢字⑥

① 訳 ② 疑う ③ 株 ④ 姿
⑤ 潮 ⑥ 胸 ⑦ 骨 ⑧ 縦
⑨ 射る ⑩ 蚕 ⑪ 泉 ⑫ 傷

【P.38】14. 同音異義語①

(1) ① 意外 ② 以外 (2) ① 衛星 ② 衛生
(3) ① 開放 ② 快方 (4) ① 家庭 ② 仮定
(5) ① 思考 ② 試行 (6) ① 指示 ② 支持

【P.39】14. 同音異義語②

(1) ① 関心 ② 感心 (2) ① 機械 ② 機会
(3) ① 機関 ② 器官 (4) ① 気候 ② 機構
(5) ① 気象 ② 気性 (6) ① 解答 ② 回答

【P.40】14. 同音異義語③

(1) ① 指揮 ② 士気 (2) ① 好意 ② 校医
(3) ① 公演 ② 講演 (4) ① 快走 ② 改装
(5) ① 高官 ② 好感 (6) ① 公正 ② 構成

【P.41】14. 同音異義語④

(1) ① 校正 ② 後世 (2) ① 修正 ② 習性
(3) ① 再会 ② 再開 (4) ① 照明 ② 証明
(5) ① 青果 ② 成果 (6) ① 創意 ② 総意

【P.42】14. 同音異義語⑤

(1) ① 容易 ② 用意 (2) ① 正確 ② 性格
(3) ① 規律 ② 起立 (4) ① 階段 ② 会談
(5) ① 観劇 ② 感激 (6) ① 加盟 ② 仮名

【P.43】14. 同音異義語⑥

(1) ① 感想 ② 間奏 (2) ① 危機 ② 機器
(3) ① 汽車 ② 記者 (4) ① 境界 ② 協会
(5) ① 効果 ② 降下 (6) ① 高価 ② 校歌

【P.44】14. 同音異義語⑦

(1) ① 好物 ② 鉱物 (2) ① 耕作 ② 工作
(3) ① 行動 ② 講堂 (4) ① 習慣 ② 週間
(5) ① 酸性 ② 賛成 (6) ① 飼料 ② 資料

【P.45】14. 同音異義語⑧

(1) ① 支点 ② 視点　(2) ① 招待 ② 正体
(3) ① 消火 ② 消化　(4) ① 創造 ② 想像
(5) ① 造花 ② 増加　(6) ① 配送 ② 敗走

【P.46】15. 特別な読みの漢字①

① あす ② とけい ③ きのう ④ ついたち
⑤ さみだれ ⑥ きょう ⑦ ふつか ⑧ ことし
⑨ はつか ⑩ つゆ ⑪ けさ ⑫ たなばた
⑬ じょうず ⑭ へや ⑮ みやげ

【P.47】15. 特別な読みの漢字②

① ともだち ② わこうど ③ うば ④ にいさん
⑤ むすこ ⑥ おとな ⑦ ねえさん ⑧ はかせ
⑨ しろうと ⑩ まいご ⑪ なこうど ⑫ やおや
⑬ ひとり ⑭ あま ⑮ よせ

【P.48】16. 同訓異字①

(1) ① 鳴く ② 泣く　(2) ① 減る ② 経る
(3) ① 直す ② 治す　(4) ① 現れる ② 表れる
(5) ① 明ける ② 開ける　(6) ① 破れる ② 敗れる

【P.49】16. 同訓異字②

(1) ① 着る ② 切る　(2) ① 速い ② 早い
(3) ① 写す ② 移す　(4) ① 暖かい ② 温かい
(5) ① 治める ② 収める　(6) ① 止める ② 留める

【P.50】16. 同訓異字③

(1) ① 熱い ② 暑い　(2) ① 丸い ② 円い
(3) ① 説く ② 解く　(4) ① 納める ② 修める
(5) ① 降ろす ② 下ろす　(6) ① 応える ② 答える

【P.51】16. 同訓異字④

(1) ① 変わる ② 代わる　(2) ① 話す ② 放す
(3) ① 交じる ② 混じる　(4) ① 冷める ② 覚める
(5) ① 勤める ② 努める　(6) ① 備える ② 供える

【P.52】17. 漢字ファミリー①

（漢字の解答例）
① さんずい……池、海、河、泣、油、決
② ぎょうにんべん…行、役、往、復、待、徳
③ にんべん………仏、付、体、仮、伝、仕
④ ごんべん………話、講、計、記、設、許
⑤ きへん…………梅、桜、松、柱、構、林

【P.53】17. 漢字ファミリー②

（漢字の解答例）
① しんにょう……道、通、辺、遊、送
② いとへん………綿、線、緑、給、絶、級
③ てへん…………持、打、投、拾
④ にくづき………脈、肥、腹、肺、脳
⑤ くさかんむり…蒸、草、茶、苦、著、蔵

【P.54】18. 四字熟語①

① 一 一 ② 九 九 ③ 一 千 ④ 三 四
⑤ 二 一 ⑥ 三 四 ⑦ 一 一 ⑧ 四 八
⑨ 一 二 ⑩ 七 八 ⑪ 一 一 ⑫ 千 千

【P.55】18. 四字熟語②

① 一 一 ② 十 十 ③ 二 三 ④ 一 千
⑤ 四 六 ⑥ 三 一 ⑦ 一 一 ⑧ 四 八
⑨ 十 一 ⑩ 四 五 ⑪ 千 万 ⑫ 一 一

【P.56】18. 反対四字熟語③

① 晴 雨 ② 前 後 ③ 縦 横 ④ 取 捨
⑤ 東 西 ⑥ 終 始 ⑦ 問 答 ⑧ 右 左
⑨ 死 生 ⑩ 寒 熱 ⑪ 異 同 ⑫ 心 体

【P.57】18. 反対四字熟語④

① 弱 強 ② 有 無 ③ 信 疑 ④ 大 小
⑤ 海 山 ⑥ 前 後 ⑦ 寒 温 ⑧ 公 私
⑨ 日 月 ⑩ 死 生 ⑪ 問 答 ⑫ 故 新

【P.58】19.漢字クロス①
①視　②腹　③降　④穴　⑤段　⑥並

【P.59】19.漢字クロス②
①認　②異　③純　④洗　⑤像　⑥射

【P.60】19.漢字クロス③
①域　②展　③承　④乱　⑤蔵　⑥訪

【P.61】19.漢字クロス④
①処　②層　③脳　④就　⑤裁　⑥臓

【P.62】19.漢字クロス⑤
①映　②補　③私　④幕　⑤裏　⑥密

【P.63】19.漢字クロス⑥
①呼　②刻　③簡　④存　⑤激　⑥難

【P.64】19.漢字クロス⑦
①疑　②敬　③誤　④創　⑤除　⑥探

【P.65】19.漢字クロス⑧
①座　②派　③銭　④障　⑤警　⑥訳

【P.66】19.漢字クロス⑨
①源　②討　③模　④策　⑤供　⑥冊

【P.67】19.漢字クロス⑩
①装　②経　③潮　④推　⑤姿　⑥樹

【P.68】19.漢字クロス⑪
①割　②胸　③厳　④垂　⑤骨　⑥勤

【P.69】19.漢字クロス⑫
①誌　②幼　③収　④延　⑤熟　⑥縦

【P.70】19.漢字クロス⑬
①頂　②敵　③系　④誠　⑤蚕　⑥盟

【P.71】19.漢字クロス⑭
①臨　②寸　③痛　④縮　⑤暖　⑥晩

【P.72】19.漢字クロス⑮
①傷　②論　③善　④劇　⑤優　⑥専

【P.73】19.漢字クロス⑯
①捨　②紅　③宝　④窓　⑤筋　⑥貴

【P.74】19.漢字クロス⑰
①義　②権　③担　④著　⑤尊　⑥従

【P.75】19.漢字クロス⑱
①拝　②賃　③忠　④絹　⑤退　⑥諸

【P.76】19.漢字クロス⑲
①皇　②株　③尺　④欲　⑤片　⑥困

【P.77】19.漢字クロス⑳
①宗　②値　③済　④党　⑤詞　⑥遺

【P.78】20.熟語づくり①
①目視　視界　②砂場　砂鉄　③腹部　中腹
④階段　段落　⑤並木　並列　⑥以降　降雨
⑦承認　認定　⑧洗面　洗顔　⑨異物　異議
⑩背景　背後　⑪反射　発射　⑫単純　純真

【P.79】20.熟語づくり②
①温泉　鉱泉　②散乱　乱戦　③流域　領域
④訪問　来訪　⑤展示　発展　⑥所蔵　蔵書
⑦我流　自我　⑧伝承　承知　⑨蒸気　蒸発
⑩干満　干潮　⑪就職　就任　⑫対処　処理

【P.80】20.熟語づくり③
①地層　高層　②恩人　恩情　③裁判　独裁
④規律　法律　⑤頭脳　首脳　⑥心臓　臓器
⑦肺病　心肺　⑧胃腸　胃薬　⑨映像　映画
⑩幕府　開幕　⑪補強　候補　⑫裏側　裏目

【P.81】20.熟語づくり④
①沿線　沿岸　②私語　私事　③密接　精密
④呼吸　点呼　⑤吸収　吸引　⑥保存　存在
⑦時刻　一刻　⑧感激　激動　⑨簡潔　簡単
⑩災難　難問　⑪疑問　質疑　⑫幼虫　幼児

【P.82】20. 熟語づくり⑤

① 牛乳 乳児 ② 尊敬 敬語 ③ 創業 創作
④ 片面 片道 ⑤ 探検 探求 ⑥ 除外 除去
⑦ 誤解 誤字 ⑧ 星座 座席 ⑨ 証券 発券
⑩ 警備 警告 ⑪ 流派 立派 ⑫ 故障 支障

【P.83】20. 熟語づくり⑥

① 厳禁 厳守 ② 装置 服装 ③ 推測 推理
④ 姿勢 容姿 ⑤ 勤務 勤勉 ⑥ 熟語 熟考
⑦ 潮流 風潮 ⑧ 樹木 果樹 ⑨ 役割 割合
⑩ 垂直 垂線 ⑪ 胸囲 度胸 ⑫ 鉄骨 骨折

【P.84】20. 熟語づくり⑦

① 県庁 庁舎 ② 金銭 銭湯 ③ 署名 署員
④ 通訳 訳者 ⑤ 対策 政策 ⑥ 起源 源流
⑦ 備忘 忘年 ⑧ 討論 検討 ⑨ 提供 供給
⑩ 模様 規模 ⑪ 納税 収納 ⑫ 縦断 縦横

【P.85】20. 熟語づくり⑧

① 忠誠 誠意 ② 天敵 宿敵 ③ 仁義 仁愛
④ 系図 系統 ⑤ 同盟 盟友 ⑥ 臨時 臨機
⑦ 縮小 短縮 ⑧ 鉄棒 横棒 ⑨ 暖冬 温暖
⑩ 指揮 揮発 ⑪ 頭痛 痛快 ⑫ 批評 批判

【P.86】20. 熟語づくり⑨

① 重傷 傷心 ② 劇場 劇的 ③ 遺書 遺産
④ 班員 班長 ⑤ 危険 危機 ⑥ 優待 優勝
⑦ 否定 安否 ⑧ 至急 至福 ⑨ 糖分 砂糖
⑩ 住宅 帰宅 ⑪ 巻頭 全巻 ⑫ 貴重 貴族

【P.87】20. 熟語づくり⑩

① 著者 著作 ② 主権 権力 ③ 尊重 尊敬
④ 分担 担当 ⑤ 秘密 神秘 ⑥ 従来 従順
⑦ 合奏 演奏 ⑧ 郵便 郵送 ⑨ 拡大 拡張
⑩ 操作 体操 ⑪ 参拝 拝見 ⑫ 聖者 神聖

【P.88】20. 熟語づくり⑪

① 家賃 賃貸 ② 回覧 一覧 ③ 鉄鋼 鋼材
④ 巻尺 一尺 ⑤ 看病 看板 ⑥ 死亡 亡命
⑦ 宝石 国宝 ⑧ 退場 後退 ⑨ 朗報 朗読
⑩ 欲求 意欲 ⑪ 生誕 誕生 ⑫ 五穀 穀物

【P.89】20. 熟語づくり⑫

① 故郷 郷里 ② 観衆 群衆 ③ 磁石 磁力
④ 皇室 皇后 ⑤ 革命 改革 ⑥ 内閣 閣議
⑦ 宣言 宣伝 ⑧ 将来 将軍 ⑨ 憲法 憲章
⑩ 方針 秒針 ⑪ 興奮 奮発 ⑫ 経済 救済

【P.90】21. ローマ字で書こう①

① Hokkaidô
② Aomori
③ Iwate
④ Miyagi
⑤ Akita
⑥ Yamagata
⑦ Fukushima
⑧ Ibaraki
⑨ Tochigi
⑩ Gumma
⑪ Saitama
⑫ Chiba

【P.91】21. ローマ字で書こう②

① Tôkyô
② Kanagawa
③ Niigata
④ Toyama
⑤ Ishikawa
⑥ Fukui
⑦ Yamanashi
⑧ Nagano
⑨ Gifu
⑩ Shizuoka
⑪ Aichi
⑫ Mie

【P.92】21. ローマ字で書こう③

① Shiga
② Kyôto
③ Ôsaka
④ Hyôgo
⑤ Nara
⑥ Wakayama
⑦ Tottori
⑧ Shimane
⑨ Okayama
⑩ Hiroshima
⑪ Yamaguchi
⑫ Tokushima

【P.93】21. ローマ字で書こう④

① Kagawa
② Ehime
③ Kôchi
④ Fukuoka
⑤ Saga
⑥ Nagasaki
⑦ Kumamoto
⑧ Ôita
⑨ Miyazaki
⑩ Kagoshima
⑪ Okinawa

【P.94】22. 二十四節気①

①―㋑　②―㋒　③―㋐
④―㋔　⑤―㋓　⑥―㋕

【P.95】22. 二十四節気②

①―㋓　②―㋐　③―㋒
④―㋑　⑤―㋕　⑥―㋔

【P.96】23. からだ慣用句①

①顔　②目　③口　④頭
⑤顔　⑥口　⑦頭　⑧目
⑨顔　⑩頭　⑪目　⑫口

【P.97】23. からだ慣用句②

①腹　②首　③胸　④鼻
⑤胸　⑥腹　⑦首　⑧鼻
⑨胸　⑩首　⑪腹　⑫鼻

【P.98】23. からだ慣用句③

①手　②手　③手　④手
⑤足　⑥足　⑦足　⑧手
⑨手　⑩足　⑪足　⑫足

【P.99】23. からだ慣用句④

①骨　②歯　③耳　④腹
⑤骨　⑥腹　⑦耳　⑧骨
⑨耳　⑩腹　⑪歯　⑫歯

【P.100】24. まちがい探し①

（解答例）

① 上の星の数がちがう
② 左上の真ん中のコウモリのかたむきがちがう
③ 左のウサギの持っているつるぎの長さがちがう
④ 右のウサギの持っている玉の色がちがう
⑤ 左下の丸いキャラクターの向きがちがう
⑥ 右下の花の形がちがう
⑦ 中央の平べったいキャラクターのいる位置（高さ）がちがう

【P.101】24. まちがい探し②

（解答例）

① 右上の鳥のしっぽの色がちがう
② 鳥の下のキャラクターの向きがちがう
③ 階段の右の小さい雲の位置がちがう
④ 左下の気球のかたむきがちがう
⑤ ウサギの持っている地図の横はばがちがう
⑥ クジラの潮の高さがちがう
⑦ 左上の階段の数がちがう

【P.102】25. 三場面物語作文①

（解答例）

① ある日、カエル君は道ばたに落ちている卵を見つけました。
「なんの卵だろう?」

カエル君は三日間見守りました。

② すると、ぱかっと音がして、かわいいきょうりゅうが生まれました。
「はじめまして！　カエルさん。」

「うわ、ぼくと同じくらいの大きさだ！」

③ そして、カエル君が三日間見守っていると、ドラゴン君はぐんぐん大きくなりました。
「どこまで大きくなるのかな。」

カエル君はワクワクがとまりませんでした。

【P．103】25．三場面物語作文②

〈解答例〉

① ある日、ワニ君とパン君がお話ししています。
「ぼくが育てた野菜をあげるよ。」
「ぼくが育てた果物をあげるよ。」

② そして、ワニ君は
「小さいけど喜こんでくれるかな。」
と心配そうにナスビを持っていきました。

③ また、パン君も
「小さいけど喜こんでくれるかな。」
と心配そうにリンゴを持っていきました。

【P．104】26．組み合わせ短歌①

〈解答例〉

せかいじゅう　しらないくにを　ともだちと
できるかぎりの　たびしてみたい

【P．105】26．組み合わせ短歌②

〈解答例〉

ことしこそ　ゆめにむかって　あきらめず
えがおがみたい　わくわくしたい

【P．106】27．季語から俳句①

〈解答例〉

① はるのそら　なのはなばたけ　つばめとぶ
② はなぐもり　かわのほとりの　やえざくら
③ なつのそら　にゅうどうぐもの　かきごおり
④ せんぷうき　うなどんたべる　なつやすみ

【P．107】27．季語から俳句②

〈解答例〉

① もみじまう　あきのななくさ　いわしぐも
② てんたかく　ふえとたいこと　かれはおち
③ おおみそか　サザンカのはな　おりおんざ
④ ふゆやすみ　としこしそばと　おおそうじ

【P．108】28．作文ウォーミングアップ①

〈解答例〉

① 〈いきなり夕立が降りだしたので、急いで〉
ベランダの洗たく物を取り入れた。

② 〈「あ、電車に忘れた！」急いで車内にもどろうとしたが、〉
電車のドアが閉まった。

③ 〈夜中に窓の外からコッコツ…とガラスをたたく音がする。思い切ってカーテンを開くと、〉
そこには、自分とそっくりの人が笑って立っていた。

【P．109】28．作文ウォーミングアップ②

〈解答例〉

① 〈目の前に大きな光の玉が現れた。なんとその中から、〉
宇宙人が出てきて、ぼくに近寄り、「ここは火星か」と聞いてきたので、「ちがう。地球だ」と答えると、光の玉の中にもどって消えてしまった。

② 〈森の中でま法使いの老人に出会い、「なんの用か？」と話しかけられたので、〉
「死んだおばあさんに会いたいと言った。「ふうん」とうなずいたま法使いがつえをひとふりすると、おばあさんが姿を現した。

③ 〈ほら穴を進むと、大きなドラゴンが現れ、火をふきかけられたが、〉
雨雲が助けに来てくれて、大雨を降らしてくれた。おかげでドラゴンは、たじたじと退散した。

【P．110】29．エピソード作文①

答え　省略

【P．111】29．エピソード作文②

答え　省略

【P．112】30．二段落二百字作文①

答え　省略

【P．113】30．二段落二百字作文②

答え　省略

【P.114】31. 言葉の意味①

①—㋑　②—㋒　③—㋐
④—㋔　⑤—㋕　⑥—㋓

【P.115】31. 言葉の意味②

①—㋐　②—㋔　③—㋑
④—㋓　⑤—㋕　⑥—㋒

【P.116】32. 反論しよう①

〈解答例〉

①〈たしかに春の運動会は暖かく、気候もよいかもしれない。
しかし秋という季節は、〉
実りの秋とも言い、一年間の成長が実る季節でもある。運動会で成長した自分を知ることができるのではないだろうか。

②〈たしかに宿題があった方が、学習の習慣がつくりやすい。
しかし宿題があれば、〉
本当に自分が学びたいことに時間がかけられないことも生じてくるのではないか。勉強は自分のためにやりたいことに時間を使いたいと思う。

【P.117】32. 反論しよう②

〈解答例〉

①〈たしかにチャイムがあれば、行動の目安になる。
しかしチャイムがあれば、〉
せっかく夢中でやっていた勉強を終わらせないといけない。自分が納得いくところまで勉強したいので、チャイムは不必要だと思う。

②〈たしかに秋休みがあれば、冬休みとの間が短くなる。
しかし秋休みがあれば、〉
夏のつかれをいやすゆったりとした時間となる。そうすると、短い時間でもより深い学習ができるのではないだろうか。

【P.118】33. よく出題される漢字①

① 重ねる　② 協力　③ 責任　④ 相談
⑤ 導く　⑥ 焼く　⑦ 勢い　⑧ 往復
⑨ 承知　⑩ 投げる　⑪ 保護　⑫ 予防
⑬ 移る　⑭ 混雑　⑮ 回収　⑯ 賛成

【P.119】33. よく出題される漢字②

① 梅　② 演技　③ 温度　④ 省く
⑤ 非常　⑥ 医者　⑦ 建築　⑧ 太陽
⑨ 独立　⑩ 布　⑪ 許す　⑫ 券
⑬ 採集　⑭ 子孫　⑮ 停車　⑯ 設ける

【P.120】33. よく出題される漢字③

① 親しい　② 種　③ 貯金　④ 対象
⑤ 希望　⑥ 置く　⑦ 期限　⑧ 事務室
⑨ 指示　⑩ 製造　⑪ 設備　⑫ 消毒
⑬ 管理　⑭ 積極的　⑮ 限る　⑯ 関心

【P.121】33. よく出題される漢字④

① 検査　② 功績　③ 複雑　④ 預ける
⑤ 営む　⑥ 築く　⑦ 支える　⑧ 退く
⑨ 過ごす　⑩ 絶える　⑪ 耕す　⑫ 率いる
⑬ 断る　⑭ 寄せる　⑮ 容易　⑯ 習慣

【P.122】34. 5年までの漢字①

① 文字　② 五年　③ 早耳　④ 名月
⑤ 中立　⑥ 大王　⑦ 子犬　⑧ 町村
⑨ 小川　⑩ 百年　⑪ 水田　⑫ 火力
⑬ 休校　⑭ 木目　⑮ 入金　⑯ 出口
⑰ 赤貝　⑱ 青竹　⑲ 玉虫　⑳ 土石

【P.123】34. 5年までの漢字②

① 読書　② 晴天　③ 会社　④ 前後
⑤ 同数　⑥ 父母　⑦ 曜日　⑧ 新聞
⑨ 歩行　⑩ 教室　⑪ 姉妹　⑫ 兄弟
⑬ 会話　⑭ 日記　⑮ 魚肉　⑯ 光線
⑰ 黒毛　⑱ 経過　⑲ 黄色　⑳ 多少

【P.124】34. 5年までの漢字③

① 昼間　② 国語　③ 工作　④ 少年
⑤ 歌心　⑥ 算数　⑦ 雪雲　⑧ 週番
⑨ 合体　⑩ 遠近　⑪ 正答　⑫ 音楽

⑬羽毛　⑭東京　⑮足首　⑯交代
⑰道場　⑱家来　⑲公園　⑳古米

【P.125】34・5年までの漢字④
①問屋　②昭和　③荷物　④主語
⑤代表　⑥電流　⑦様子　⑧記号
⑨王道　⑩対面　⑪文章　⑫真空
⑬表紙　⑭食事　⑮身長　⑯発明
⑰問題　⑱漢字　⑲家路　⑳自動

【P.126】34・5年までの漢字⑤
①性質　②炭火　③君主　④作業
⑤洋服　⑥配達　⑦有名　⑧予定
⑨持参　⑩客船　⑪坂道　⑫部屋
⑬平等　⑭二階　⑮根気　⑯勉強
⑰待合　⑱出港　⑲以前　⑳予習

【P.127】34・5年までの漢字⑥
①童話　②寒気　③世界　④本州
⑤飲食　⑥家族　⑦医者　⑧行列
⑨実力　⑩農家　⑪研究　⑫羊毛
⑬歯科　⑭湯気　⑮体育　⑯金庫
⑰中央　⑱経過　⑲薬品　⑳神社

【P.128】34・5年までの漢字⑦
①共通　②海辺　③実験　④関係
⑤最高　⑥自然　⑦選手　⑧伝説
⑨集結　⑩参加　⑪投票　⑫持参
⑬発芽　⑭名産　⑮野菜　⑯合唱
⑰品種　⑱分類　⑲印刷　⑳残暑

【P.129】34・5年までの漢字⑧
①特別　②試合　③未来　④風景
⑤散歩　⑥失敗　⑦方法　⑧観察
⑨救急　⑩号令　⑪夕飯　⑫標本
⑬歴代　⑭案内　⑮景色　⑯貨物

---

⑰給食　⑱欠場　⑲必要　⑳愛読

【P.130】34・5年までの漢字⑨
①昨年　②無理　③徒歩　④民族
⑤右側　⑥大臣　⑦希望　⑧成功
⑨漁業　⑩大陸　⑪子孫　⑫苦労
⑬灯台　⑭固定　⑮続行　⑯衣服
⑰貯水　⑱停車　⑲半径　⑳約束

【P.131】34・5年までの漢字⑩
①表情　②政治　③興味　④礼状
⑤増減　⑥逆算　⑦内容　⑧心情
⑨精神　⑩態度　⑪構想　⑫旧式
⑬対比　⑭独立　⑮定価　⑯面接
⑰実際　⑱移動　⑲混合　⑳主張

【P.132】34・5年までの漢字⑪
①知識　②感謝　③質問　④提案
⑤売買　⑥細工　⑦果物　⑧複数
⑨仮面　⑩調査　⑪判定　⑫年賀
⑬金属　⑭非売　⑮豊作　⑯計略
⑰寄付　⑱事件　⑲準備　⑳授業

【P.133】34・5年までの漢字⑫
①特許　②技術　③衛星　④校舎
⑤組織　⑥現在　⑦旗本　⑧有益
⑨財産　⑩往復　⑪過去　⑫成績
⑬方眼　⑭河口　⑮武者　⑯竹林
⑰災害　⑱雑木　⑲清潔　⑳絵画

1日10分
読解力・表現力が身につく
国語ドリル　小学6年生

2023年4月10日　第1刷発行

著　者　藤《ふじ》　原《わら》　光《みつ》　雄《お》

発行者　面　屋　　　洋

企　画　清　風　堂　書　店

発行所　フォーラム・A
〒530-0056　大阪市北区兎我野町15-13
電話（06）6365-5606
FAX（06）6365-5607
振替 00970-3-127184
http://www.foruma.co.jp/
E-mail : forum-a@pop06.odn.ne.jp
制作編集担当・藤原幸祐・遠藤野枝

表紙デザイン・畑佐　実
印刷・㈱関西共同印刷所／製本・㈱髙廣製本